圖說大宋風華

李旭東 著

下

從酒樓宴飲到名勝古蹟，
透過《清明上河圖》看盡大宋絕代風華！

序章

如若你穿越去了大宋，一定要去北宋的都城開封看一看，那裡四河環繞，人口眾多，經濟繁榮，文化興盛，即便放眼整個世界，也是當時首屈一指的大都市，與如今的紐約、倫敦和巴黎等國際化大都市相比絲毫都不會遜色，引領著世界潮流，也推動著歷史發展。

開封城外郊野的小路上，兩人一前一後，趕著五匹馱著木炭的驢子，向著城門方向緩緩行去，橐橐的蹄聲與汴河中正在行駛的舟楫上傳來的舵櫓擊水聲交織在了一起，宛若一曲雄渾的交響樂。

一艘艘造型各異的客船上搭載著各色乘客，有來上任的，有來覆命的，有來經商的，有來求學的，有來趕考的，有來探親的……

一艘艘滿載而來的貨船上裝載著各式貨物，有東平的阿膠、大名的花綢、延安的麝香、鎮江的綾羅、壽春的石斛、江陵的柑橘、建州的茶葉、成都的箋紙、興元的胭脂、廣州的沉香、桂州的白銀……

麵粉作坊內的夥計們將一秤十五斤的麵粉裝入布袋之中，用太平車載著，用驢馬馱著，向著城門方向急急而行；屠宰作坊裡的屠戶們將夜裡屠宰好的豬羊切割好，差人挑著，雇車拉著，向著城內緩緩而去。

此時等著進城的人早早便候在城門外，有商人小販，有農人匠人，還有書生行人。伴隨著陣陣沉悶的聲響，沉重的城門緩緩地打開，急著進城的人們迫不及待地湧進了城中……

五更時分，此時天還沒有亮，寺院的行者頭陀們用木槌不停地敲擊著手中的鐵牌子，高叫著「普度眾生救苦難諸佛菩薩」等佛家話語，還播報著時辰和天氣，低沉的報曉聲傳遍了城內的每一個角落。

油餅店、胡餅店等各式小食店內早就亮起了燭火，案板上傳來擀麵的啪啪聲，油鍋中傳來下鍋的刺啦聲，灌肺、炒肺等各式誘人的早點紛紛出鍋，等待著主顧上門。

寬二百餘步的御街兩側設有朱漆杈子，杈子內側是用磚石砌造的御溝，水中盡植蓮花芙蓉，岸上遍布桃李梨杏，花團錦簇。從州橋至皇宮南門宣德門，朱漆杈子外的御廊下傳來此起彼伏的叫賣聲。那些因趕著上早朝而沒來得及吃上早飯的官員們，在上朝途中趕忙買些早點充充飢。

宣德門漸漸出現在官員們的視野之中。氣勢恢宏的宣德門由一字排開的五座城門組成，門上皆是金釘朱漆，城牆都是磚石相間，高聳的屋脊，威武的垛樓，恢宏的闕亭，雕樑畫棟，朱欄彩檻，無不展現著大氣磅礴的皇家氣派。那些官員們不由自主地整理著自己的儀容儀表。

進了宣德門，大慶殿、凝暉殿、紫宸殿、文德殿、垂拱殿、皇儀殿、集英殿徐徐露出自己的本來面容，每一座都修造得氣貫長虹，氣吞山河！

開封城內街巷裡的行人漸漸多了起來，有金匠、銀匠、銅匠、鐵匠、錫匠、木匠、瓦匠、陶匠、畫匠；有賣洗面水的、代煎湯藥的；有箍縛盤甑的、織草鞋的、磨鏡的、造扇的；還有販油的、賣香的、鬻紙的、賣蚊藥的、鬻香的、賣粥的、賣花的……

在朝霞的照耀之下，幌子迎風飄揚，匾額熠熠生輝，襆頭鋪門前的招牌映出了金色的光澤，染店櫃檯上擺放的新花布被染上了紅色的光暈，紙鋪貨架上的金銀紙被照得閃著刺眼的光芒，在和煦的陽光下陸續開張的還有紙馬鋪、金銀鋪、衣帽鋪、頭巾鋪、鞋襪鋪、腰帶鋪、洗衣鋪、首飾鋪、藥鋪、紙馬鋪、鐵器鋪……

肉市、菜市、米市、魚市、花市等各大市場也相繼迎客，商鋪鱗次櫛比，叫賣此起彼伏，顧客絡繹不絕，商品應有盡有……

街巷口聚集起越來越多的人，等待著城中那些衙門官署、富豪高官前來雇人。其中有手藝精湛的匠人，有吃苦耐勞的挑夫，有心靈手巧的使女，還有行事機靈的夥計；有的恭敬地站著，有的慵懶地坐著，有的打著哈欠，有的想著心事，有的已然被生活折磨得麻木而又冷漠，但也有人依舊懷揣著夢想，想著要在這藏龍臥虎的京城裡出人頭地，光宗耀祖……

開封在喧鬧嘈雜聲中緩緩醒來，迎來了新的一天。開封的富庶與繁華至今仍舊令人心馳神往，那就來一場說走就走的旅行吧！

雖然條條大路通開封，但走水路卻不失為一個不錯的選擇！

目錄

第五章　吃喝裡面門道多

正店

第六章　熱鬧好去處

第七章　便利生活面面觀

趙太丞家

劉家上色沉檀揀香
久住
王員外家

第八章 城市管理的招法

第五章　吃喝裡面門道多

第一節　大酒樓裡暗藏特殊服務

借問酒家何處有

如今酒已經成為普通得不能再普通的商品，但在宋代酒卻是官府嚴格控制的商品，並非所有飯店都有酒賣，若想找酒喝必須要認準酒旗。唐代大詩人杜牧曾留下膾炙人口的詩句：「千里鶯啼綠映紅，水村山郭酒旗風。」

其實開封的酒旗很好認，都是藍白條紋相間的旗子，門口還時常會掛著同樣藍白條紋相間的酒簾。在宋代，只有酒旗高高飄揚的地方才會有酒喝，有的酒旗上還會寫有酒家的名字，有的酒旗上

❶ 酒旗

城門附近的一處酒家

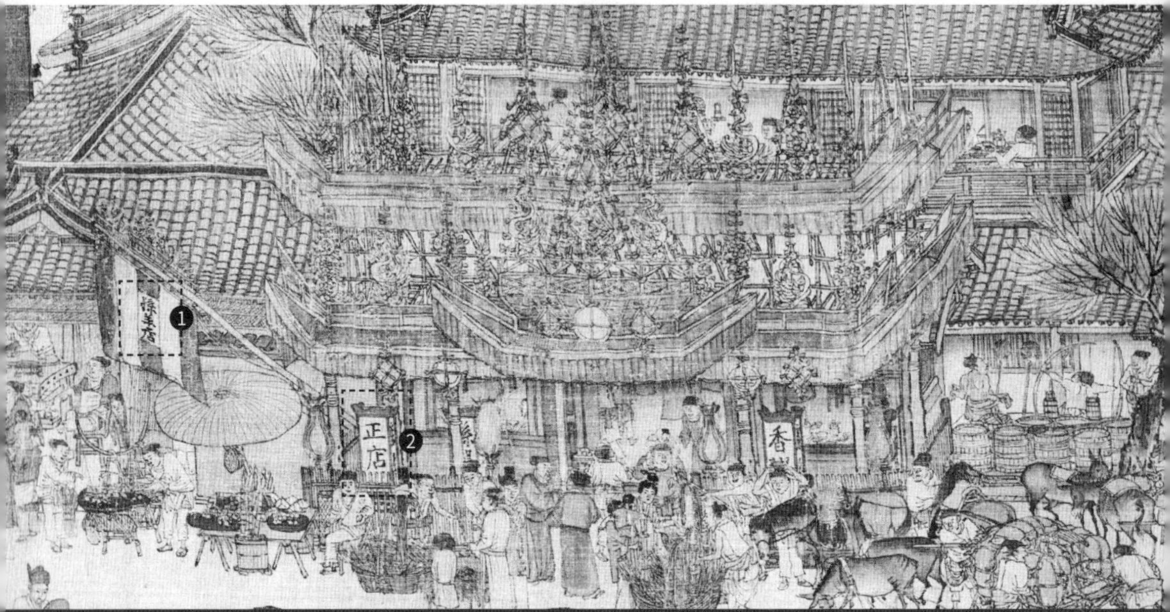

❶ 寫有「孫羊店」字樣的酒旗　❷ 寫有「正店」字樣的燈箱

孫羊正店①

❶ 寫有「新酒」字樣的酒旗

十千腳店①

還會寫有酒名。

臨近郊外的那處酒家門前掛著「小酒」字樣的酒旗。小酒是一種在春秋兩季隨釀隨售的中低檔酒，共分為二十六等，最便宜的小酒每角五錢，最貴的每角三十錢；還有一種稍稍高檔些的酒，名叫「大酒」，臘月的時候開始釀造，等到夏天才對外出售，分為二十三等，最便宜的每角八錢，最貴的每角四十八錢[1]；更為高端的酒稱為「老酒」，也是臘月釀造，經過數年窖藏後才對外銷售，名貴程度絲毫不遜於如今的茅臺！孫羊正店賣的應該就是這種高檔酒。

十千腳店大門兩旁的簷柱上掛著兩個長

1 （元代）脫脫等《宋史．食貨志下》記載：「自春至秋，醞成即鬻，謂之『小酒』，其價自五錢至三十錢，有二十六等；臘釀蒸鬻，候夏而出，謂之『大酒』，自八錢至四十八錢，有二十三等。」

❶ 寫有「小酒」字樣的酒旗　❷ 門口的酒簾

臨近郊外的一處酒家①

❶ 酒旗
❷ 帶有標記的酒旗
❸ 門口寫有小篆「新酒」字樣的酒簾

城外汴河邊的一處酒家①

方形的牌子，左邊寫著「天之」，右邊寫著「美祿」；大門橫額上寫著「稚酒」兩個大字，旁邊還立著寫有「十千腳店」字樣的燈箱廣告。

或許很多人會問「十千」究竟是什麼意思？難道店主叫「十千」嗎？莫非是鼓上蚤時遷的化名？抑或是這家店的註冊資金是十千？其實「十千」的歷史很悠久。三國時期的大才子曹植在《名都篇》中酣暢淋漓地寫道：「歸來宴平樂，美酒鬥十千。」一斗名酒的價格竟會高達十千，也就是一萬錢！如此之高的酒價雖有些誇張，不過戰亂頻仍的三國時期穀價昂貴，貨幣貶值，釀酒技術也遠不如後世發達，美酒的價格很高也不奇怪。

宋代著名詩人范成大曾寫道：「呼酒暖征衫，寧計斗十千。」由此看來，「十千」不再只是個計量單位，而是成為「美酒」的代名詞。唐建中三年（西元七八二年），為了應對安史之亂後中央財政入不敷出的困難局面，朝廷開始推行酒類專賣制度，酒徒們對酒的美好嚮往就是官府釀酒的不竭動力。當時每斗酒的官方定價為三百文，相當於曹植筆下美酒價格的3%。

宋代的酒有的是散賣，有的是瓶裝，散賣時也不再用斗而是用角來計量——根據《禮記》的記載，四升為一角。瓶裝酒的容量根據酒瓶大小會有所差異，宋代酒瓶通常為一至三升。

十千腳店大門兩側掛的牌子上所寫的「天之美祿」也是美酒的代稱。《漢書．食貨志》記載：「酒者，天之美祿。」這塊寫有「天之美祿」

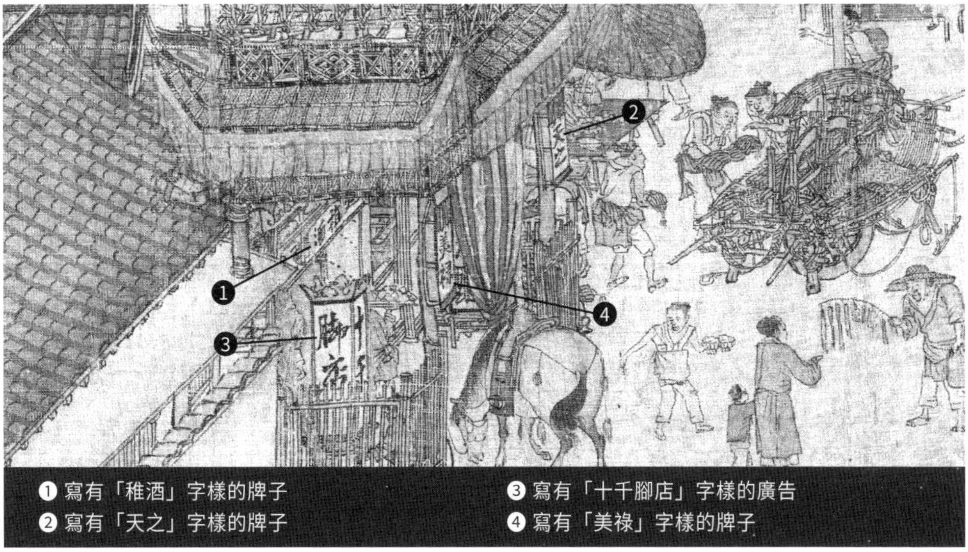

❶ 寫有「稚酒」字樣的牌子
❷ 寫有「天之」字樣的牌子
❸ 寫有「十千腳店」字樣的廣告
❹ 寫有「美祿」字樣的牌子

十千腳店②

的牌子意在向顧客誇耀店中美酒甘醇可口，也寄託著店家希望從嗜酒如命的酒客身上獲取更多利潤的美好願望！

令人眼花繚亂的大酒樓

開封城內外大大小小的酒家星羅棋布，數目繁多，如何能夠從中找到最為高檔的地方，約上三五知己去吃私房菜、喝名貴酒呢？

其實很好找，只要掛著酒旗、酒簾的地方便會有酒賣。你再看看那處酒家是樓房還是平房，抑或是在街邊搭建的竹棚。如果是樓房，門口又搭著高大的彩樓歡門，你便可以放心大膽地進去，這家肯定就是你要找的可以一飽口福的大酒樓！

臨近郊外的這處酒家門前搭建的彩樓歡門較為低矮，屋內也顯得比較簡陋，一看便知這處酒家主要面向工薪階層，比如在附近務農的農民，進出城

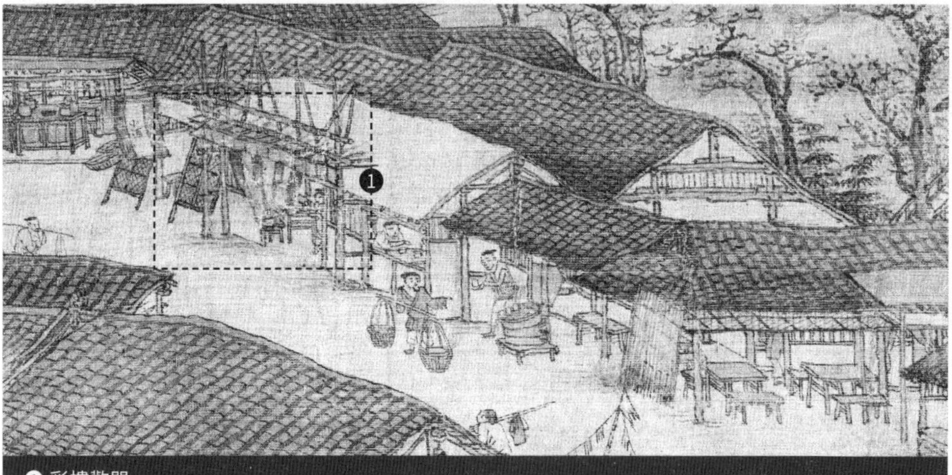
❶ 彩樓歡門

臨近郊外的一處酒家②

❶ 正在候客的女店主　　❷ 店內吃飯暢談的客人

臨近郊外的一處酒家③

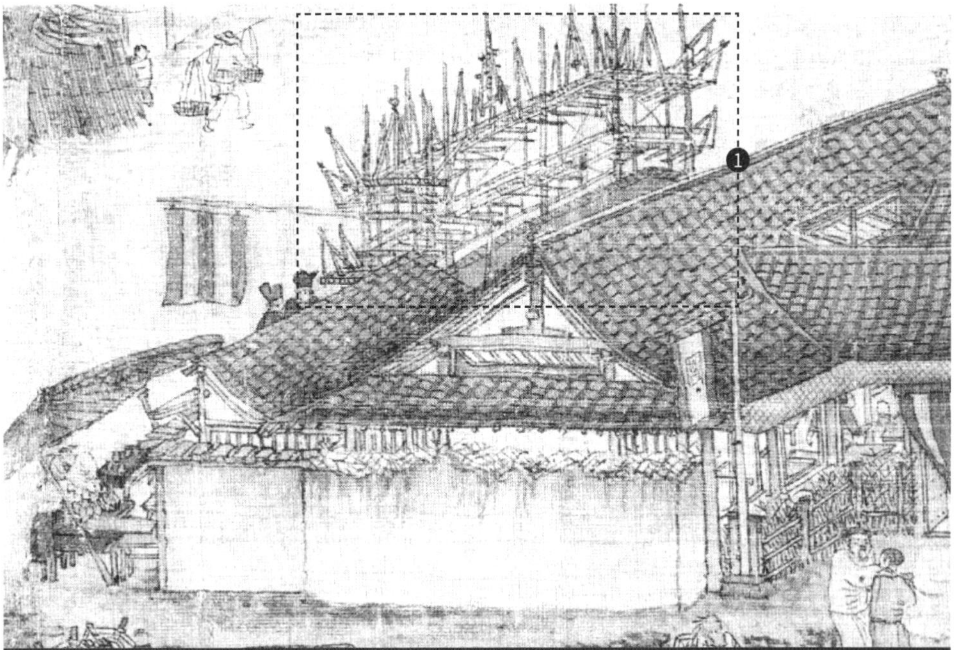

❶ 彩樓歡門

城外汴河邊的一處酒家②

的小商小販，還有在汴河上賣苦力討生活的人。

汴河邊的這處酒家門前的彩樓歡門稍稍高大些，最引人注目的是門口居然還站著兩個官員。由於官員的身分比較敏感，出入高檔大酒樓自然會比較引人注目，而這家看似並不怎麼高檔，不過卻應該是一處菜品出眾、服務周到的私房菜館，人少菜好私密性好，堪稱官員們的首選！

十千腳店的主體建築是兩層樓房，門前立著高大的彩樓歡門，來這裡開懷暢飲自然會有很不錯的就餐體驗。

《清明上河圖》中所繪酒注具有典型的宋代特徵，通常為瓷質，不過也有金銀材質。酒注（也稱注子）其實就是

❶ 彩樓歡門

十千腳店③

十千腳店④

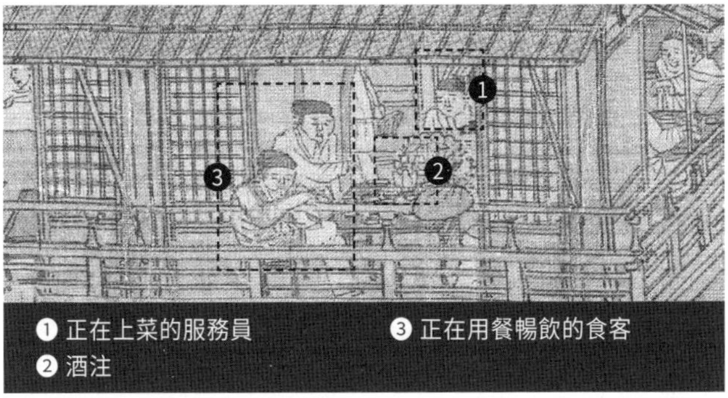

❶ 正在上菜的服務員　❸ 正在用餐暢飲的食客
❷ 酒注

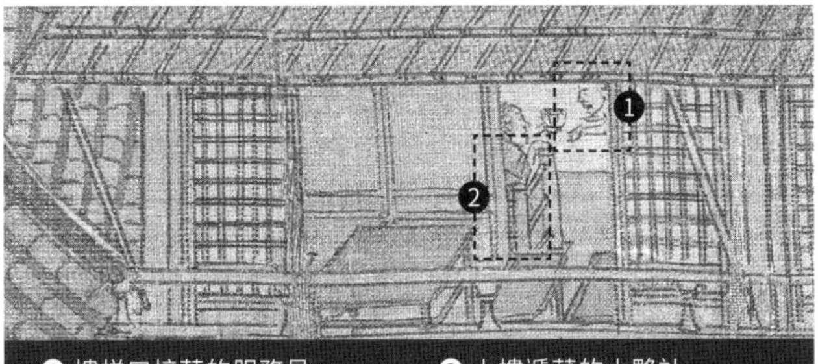

❶ 樓梯口接菜的服務員　❷ 上樓遞菜的小夥計

酒壺，通常與注碗（也稱溫碗）配套使用。宋代注碗多為花瓣狀，裡面盛放著熱水，因此酒注放在注碗中酒便不會涼。

十千腳店雖裝修得富麗堂皇，但與正店相比還是有一定差距。北宋末年，開封城內的正店共有七十二家，每一家都是資金雄厚，裝修考究，主要面向社會中上層，絕非尋常老百姓能夠消費得起的。由於朝廷對酒實行嚴格的管控措施，在開封城中只有正店才有資格釀酒。

酒稅在非農業稅稅收收入中所占比重大致維持在三分之一左右，在全部稅收收入中的比重基本維持在五分之一左右。鑒於酒稅對朝廷財政收入的極端重要性，朝廷一直實行嚴格的酒類專賣制度，稱為「官榷制」。「官榷制」又具體分為「榷酒制」和「榷曲制」，前者是朝廷壟斷酒的生產和銷售，屬於直接專賣制度；後者是朝廷壟斷酒麴的生產和銷售，屬於間接專賣制度。私自販賣酒或者酒麴最高可被判處死刑。

宋代景德鎮窯青白瓷刻花酒注和注碗

開封實行「榷曲制」，官府只是壟斷酒麴的生產與銷售，獲得官方認可的正店才有資格向官府購買酒麴後自行釀酒並對外銷售。

在《清明上河圖》中，孫羊正店門前搭建起氣勢恢宏的彩樓歡門，與三層樓房比肩，裝飾得五彩繽紛，絢麗奪目，由此可以看出孫羊正店的實力。孫羊正店門前的客人

北宋時期酒稅變化情況[2] (單位：貫)

項目	至道末年（西元 997 年前後）	天禧末年（西元 1021 年前後）	熙寧、元豐年間（西元 1068——1085 年）
酒稅	1,850,000	10,172,400	13,174,130
非農業稅稅收收入	12,380,400	29630,530	49,112,365
在非農業稅稅收收入中的比重	14.94%	34.33%	26.82%
全部稅收收入	35,591,730	57,254,570	70,739,350
在全部稅收收入中的比重	5.2%	17.77%	18.62%

絡繹不絕，樓上正在宴飲的客人也是依稀可見。

孫羊正店大門右側還設有賣酒的視窗，擺放著許多大酒桶和賣酒時用的舀酒器，不過三個夥計對自己的本職工作似乎並不怎麼上心，其中一個夥計用力拉開弓，另外兩個夥計正目不轉睛地看著他。

關於這三人的真實身分一直有著諸多猜測。有人認為這是一家賣弓的鋪子，但若真是如此，為何只有區區兩張弓，而且面前還擺放著如此之多的酒桶？這顯然有些說不通！

還有人認為這三人是押運酒的士卒，但若真是如此，他們最應攜帶的武器是刀槍，因為弓箭在戰鬥中只能起到輔助作用，並不能充作主戰兵器。

2 資料來源：賈大泉《宋代賦稅結構初探》，《社會科學研究》，一九八一年第三期。

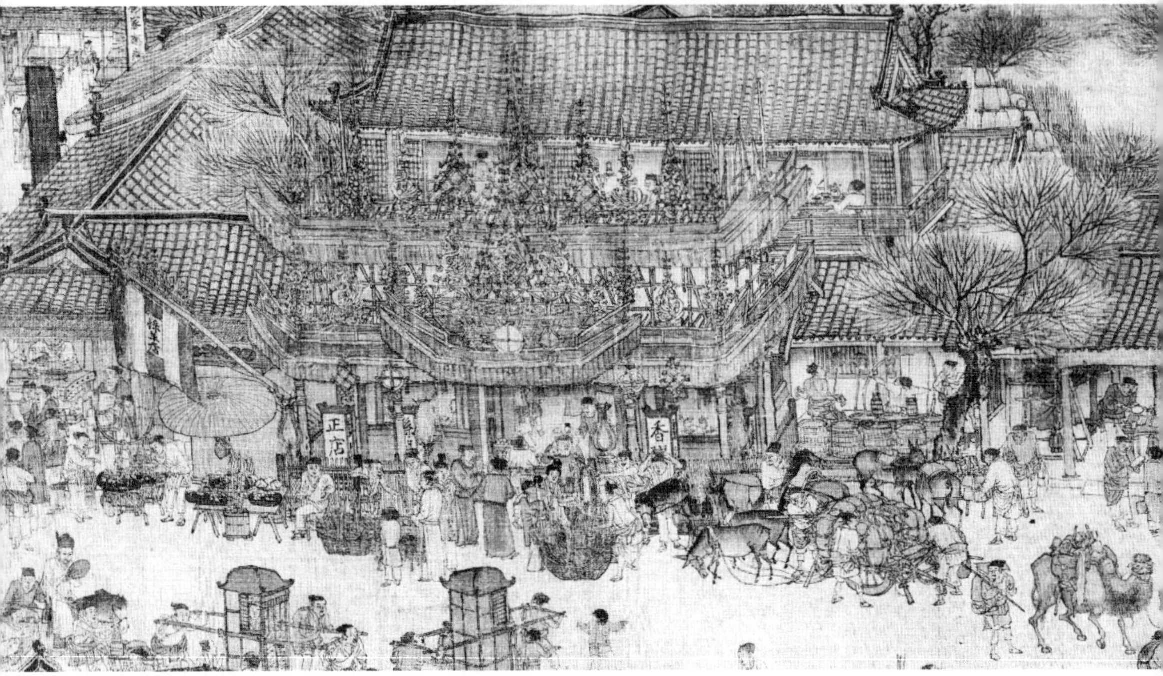

孫羊正店②

筆者認為三人就是孫羊正店賣酒的夥計，他們之所以有些不務正業，拉弓訓練，其實是當時保甲法的真實寫照。保甲法是王安石推行的變法政策中的重要組成部分。開封府所有百姓都要編入一保，朝廷選取其中身強力壯的男子在工作之餘接受軍事訓練。

在孫羊正店後院，酒甕堆積如山，這些酒不僅會供應給來自家酒樓喝酒的酒客，還會批發給區域內的各式腳店，類似十千腳店這樣的大酒樓也只能從正店購買酒水，然後再賣給店內的酒客們。為了避免惡性競爭，七十二家正店劃分出各自的勢力範圍，各區域內的腳店只能到對應的正店去買酒。

雖然財大氣粗的孫羊正店很引人注目了，但它畢竟坐落於外城城門附近，並不在開封城中最繁華的地段，所以店內外來來往往的人雖是不少，但仍非正店中的佼佼者。

在開封七十二家正店中，著名的大酒樓有白礬樓（後改為封樂樓）、潘樓、任店（也稱欣樂樓）、遇仙正店、清風樓、長慶樓、會仙樓正店、仁和正店等。

州橋東側的仁和正店、新門裡的會仙樓正店，通常都會提前準備上百套酒具和餐具，每一套都會有大大小小十幾樣之多。即便是兩人對飲，一副注碗，兩副盤盞，果碟和菜碟各五個，素菜碗三五隻，再隨便點些熱菜，要些玉板鮓（魚乾）、生削巴子（黏塊狀的小吃）、瓜果等下酒菜[3]，這一頓下來也需要近百兩銀子。

3　（宋代）孟元老《東京夢華錄・會仙酒樓》。

開封城中規模最大、水準最高的當屬白礬樓，五樓相對並且每座樓都高達三層，樓與樓之間還有懸橋連接，明暗相通，珠簾錦繡，燈燭耀眼，每日在樓中喝酒的酒客有上千人之多，看上去蔚為壯觀。

白礬樓在民間也被稱為「樊樓」，小說《水滸傳》對樊樓屢有提及。在第七回，陸謙不懷好意地將昔日恩人林沖請到樊樓來吃酒，為的就是讓垂涎林娘子美色的高衙內趁機對其下手。在第七十二回，宋江趁著元宵節時混入開封城中，恰巧路過樊樓，便找了個雅間坐下，剛剛喝了幾杯酒便聽到隔壁隱隱有人在唱歌，而且歌聲似乎還有些耳熟，趕忙走過去看看，居然是九紋龍史進和沒遮攔穆弘！二人喝得酩酊大醉，正在口吐狂言。

樊樓在開封百姓的心中堪稱第一酒樓，只要能夠在那裡吃上一頓便可以吹一輩子牛！

特殊服務的特殊標誌

喝得微醺的男人們在酒精刺激之下便會生出特殊需求，渾身燥熱想要痛痛快快地去泡個澡。

開封城中有不少對外營業的公共浴池，孫羊正店中便設有專為客人泡澡用的澡堂。店門前有兩個碩大的燈箱，一個寫的是「正店」，表明這家酒樓屬於七十二家正店之一；另一個寫的便是「香湯」，說明店內還提供洗浴服務，不過「湯」字卻被擋住了。

宋代的公共浴池往往還會提供搓澡服務。大文豪蘇軾便曾寫過一首《如夢令．水垢何曾相受》：「水垢何曾相受，細看兩俱無有。寄語揩背人，盡日勞君揮肘。輕手，輕手，居士本來無垢。」此時的蘇軾已經四十八歲了，剛剛由黃州（今湖北黃岡）團練副使改任汝州（今河南汝州）團練副使，雖然仍是並無多少實權的虛職，但汝州地處中原腹地，自然要比黃州重要許多。蘇軾的這次職務變動透露出神宗皇帝趙頊的心中已悄然萌生了再度重用他的想法，蘇軾也感受到一種久違的暢快，不過卻依然覺得「水垢何曾相受」，因而表達了自己堅持不與奸詐小人同流合污的遠大志向。

很多男人喝酒時都希望能有漂亮女子相陪，若能尋一處既能一飽口福，又能開懷暢飲，還能尋歡作樂的地方，無疑最稱他們的心思。其實這也不難，你只需認准兩樣東西：紅綠杈子和梔子燈。

杈子類似於今天的籬笆，也就是在門前豎起長寬相等的一根根木條，然後再刷上紅色，最後用塗成綠色的橫木將那些紅木條進行固定，因此也被稱為「紅綠杈子」。杈子雖然在今天的人們看來透著一股子鄉土氣息，但在宋代卻是

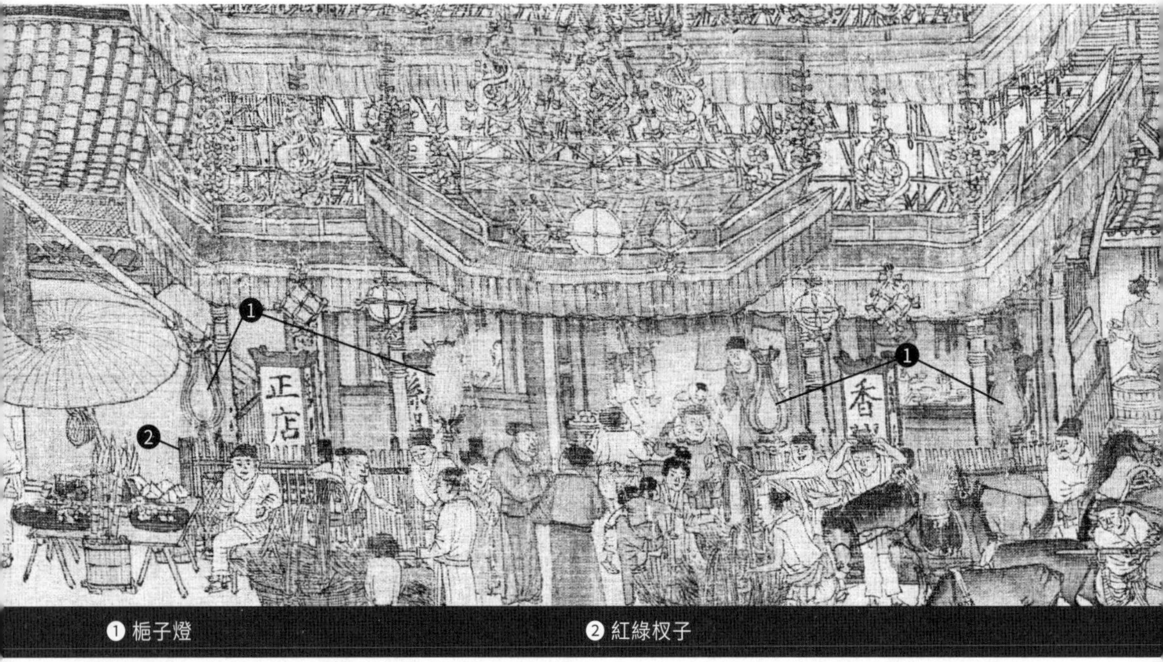
正店
香
❶ 梔子燈
❷ 紅綠杈子

孫羊正店③

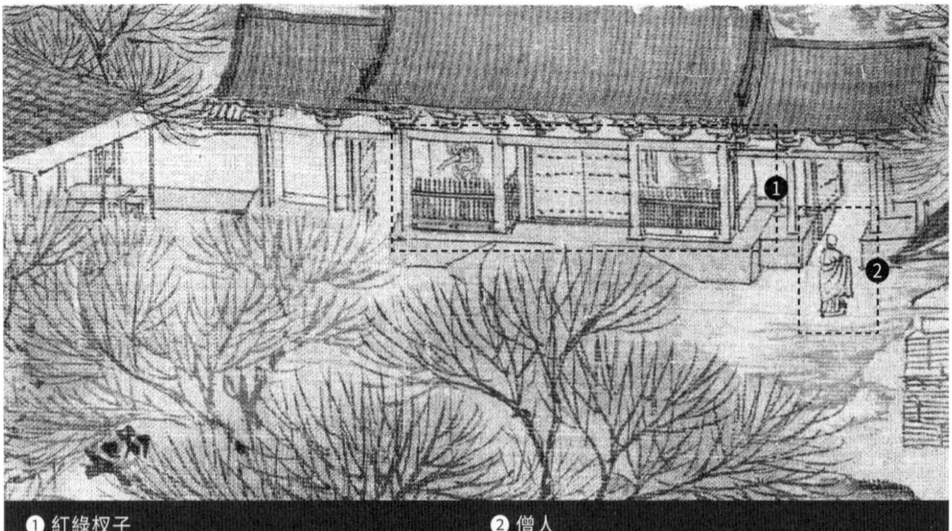
❶ 紅綠杈子
❷ 僧人

寺廟

威嚴肅穆的象徵，原本只有官府和寺廟道觀才能使用。《清明上河圖》所描繪的那座寺院山門兩旁便設有兩排紅綠杈子。

酒樓門前獲准使用紅綠杈子是源於五代後周開國皇帝郭威的一次視察。郭威一時心血來潮要去大酒樓潘樓視察。潘樓所在的那條街被稱為潘樓街，一座大酒樓使得整條街都變得繁華喧鬧起來，足見潘樓的影響力之大。

潘樓老闆聽說皇帝要來自然不敢怠慢，趕忙帶領手下的夥計們準備迎駕事宜，在樓門口搭建起高聳入雲的彩樓歡門，還特地在門前安裝了紅綠杈子並掛起了梔子燈。這些令人炫目的東西並沒有隨著皇帝的離開而被拆除，反而被越來越多的酒樓茶肆所效仿。[4]

梔子燈細頸大腹，有六條棱，外糊紅紗，內點枝蠟，造型與梔子花開後所結果實很像，都是兩頭尖中間大的紡錘狀。透著曖昧氣息的梔子燈會讓人自然而然地想到「紅燈區」，只要是梔子燈亮起的地方，店內定然會有美豔女子陪酒。

任店門前便掛著梔子燈，一進大門便會看到一條長達一百多步的主廊，南北天井兩側是一個又一個雅間，每晚都是燈火通明，恍如白晝，打情罵俏聲和觥籌交錯聲交織在一起。數百名濃妝豔抹的女子聚集在主廊的廊簷之下，擺出最誘人的姿勢，露出最嫵媚

4 （南宋）吳自牧《夢粱錄・酒肆》。

的一面，等待著各式酒客們的挑選，遠遠望去猶如天女下凡一般，很多酒客只是看上一眼便有些難以自持了。

不過那些美豔女子僅僅提供陪酒服務而已，服務專案與如今酒吧裡那些長相漂亮、身材性感、穿著暴露的酒水銷售差不多，只不過是透過甜言蜜語哄騙慫恿酒客們多飲幾杯罷了。當然，酒客們借著酒勁兒占些便宜也是常有的事情，而那些歡場女子們對此早就司空見慣、見怪不怪了。

像任店這樣的大酒樓雖為充滿曖昧氣息的陪酒服務大開方便之門，卻並不允許酒客們在店內做什麼出格的事情。若是意亂情迷的酒客一時間把持不住，要麼談好價錢將中意的女子帶到外面去逍遙快活，要麼只得去妓院。

（明代）仇英《清明上河圖》中的青樓

開封城內的雞兒巷裡有很多妓院，這個巷子的名字還真有些名副其實的意味。此外舊曹門外的南、北斜街上也有不少妓院，不走正道之人所住的街道都被稱為斜街，真是有趣！

除此之外，還有一個地方可以去，那便是庵酒店。這種酒店中會暗藏臥床，店內的美豔女子可以偷偷為那些好色的酒客們提供特殊服務。那些女子是赤裸裸的風塵女子，不像大酒樓中的那些女子只是讓酒客們過過眼癮或是偷偷占些便宜，她們只賣身不賣藝！

庵酒店門前既擺著紅綠杈子，也掛著梔子燈，燈上還會用箬竹蓋著。箬竹是一種葉子又大又寬的竹子，人們常常用它的葉子來包粽子，編斗笠。用箬竹蓋梔子燈起初只是為了防止燈被雨水澆滅，後來不管下雨陰天還是豔陽高照，庵酒店門前的梔子燈都會用箬葉蓋著。[5]這漸漸成為它們向那些求歡客們傳遞的暗號：來啊！快活啊！反正有大把時光！

5 （南宋）耐得翁《都城紀勝》。

第二節　名流們的宴飲

陪皇帝喝酒

《文會圖》描繪了一群文士在池畔園苑中飲宴的情景。樹下的一張黑色方形几案上擺滿了各色菜品和果盤。九位文士圍坐案旁，或端坐，或談論，或持盞，或私語，儒衣綸巾之中透著儒雅。竹邊樹下有兩位神情和藹的文士正在寒暄，其中一人還拱手行禮。這幅畫是徽宗皇帝趙佶所繪，描繪的自然是宮廷宴飲的場景。

與皇帝宴飲會是怎樣的感受呢？其實君臣之間的宴飲名目繁多，居然有七種之多。

第一種是君臣大宴，又可分為三類，分別是飲福宴、春秋大宴和聖節大宴。飲福宴是皇帝在重大祭祀活動之後舉行的宴

（北宋）徽宗趙佶《文會圖》（局部）

北宋皇帝聖節設置情況

廟號	皇帝姓名	出生日期（陰曆）	節日名稱
太祖	趙匡胤	二月十六日	長春節
太宗	趙光義	十月七日	乾明節（後改為壽寧節）
真宗	趙恆	十二月二日	承天節
仁宗	趙禎	四月十四日	乾元節
英宗	趙曙	正月三日	壽聖節
神宗	趙頊	四月十日	同天節
哲宗	趙煦	十二月七日	興龍節
徽宗	趙佶	十月十日	天寧節
欽宗	趙桓	四月十三日	乾龍節

會。《左傳．成公十三年》記載：「國之大事，在祀與戎。」在古代，國家最大的兩件事便是作戰與祭祀。如果祭祀活動順利舉辦，皇帝自然會心情大好，通常都會與群臣一起喝酒放鬆一下。春秋大宴包括在二月間舉行的春宴和在八月間舉行的秋宴。春季是播種希望的季節，秋季是收穫的季節，因此宋人很看重這兩個季節，況且二月和八月氣溫也比較宜人，適合君臣們把酒言歡。聖節大宴是皇帝在自己生日時舉行的大型生日派對。宋代皇帝往往會將自己的生日立為國家的節日，稱為「聖節」，到時將會普天同慶，齊誇皇帝生得好，皇帝給大家帶來了假期。

哲宗皇帝趙煦的生日是陰曆十二月七日，但那天恰巧是被尊為僖祖的趙朓（北宋開國皇帝趙匡胤的高祖父）去世的忌日，若是在這天與眾人吃吃喝喝、玩玩鬧鬧實在是對祖上的不敬，於是他便將自己生日的次日設為「興龍節」[6]。

關於徽宗皇帝趙佶的生日，官方記載是陰曆十月十日，但生活在宋元之際的學者周密卻認為，徽宗皇帝真正的出生日期是端午節，也就是陰曆五月五日。不過這天卻被認為是惡月之中的惡日，可謂是一年之中毒氣最盛的時候，所以古人才會透過飲雄黃酒等方式來辟邪，這一天出生的孩子往往會被認定為大不祥。正是迫於巨大的世俗壓力，趙佶才偷偷地將自己的生日從五月五日改為十月十日[7]。不過這究竟是從宮中傳出來的確有其事的皇室秘聞，還是有人為了故意詆毀徽宗皇帝趙佶而蓄意杜撰出的假消息，便不得而知了！

北宋天聖年間（西元一〇二三——一〇三二年），仁宗皇帝趙禎將舉行君臣大宴的地點正式確定為集英殿[8]。其實在此之前北宋皇帝便時常會在集英殿舉行君臣大宴，太祖皇帝趙匡胤在那裡舉辦了三十三次君臣大宴，太宗皇帝趙光義在那裡舉辦了三十七次君臣大宴，真宗皇帝趙恆在那裡舉辦了五十二次君臣大宴，仁宗皇帝趙禎在那裡舉辦了五十五次君臣大宴，不過有時也會在別的殿舉行。仁宗皇帝將之前的慣例變為了定制，自此集英殿便成為君臣大宴的固定舉辦地點。

君臣大宴之所以被稱為大宴，自然是因為人數多、規模大、範圍廣。根據《宋史》的記載，北宋熙寧二年（西元一〇六九年），參加神宗皇帝趙頊召集的君臣大宴的官員居然多達一千三百餘人，[9]這在中國古代宴飲史上也是頗為罕見的。

大宴舉辦時，集英殿正中設置皇帝御座，御座左右稍稍靠北的地方分別陳列著御用酒器和御茶床，宴會上所用餐具一律為金銀器。集英殿及其偏殿，甚至院中兩廊下都擠滿了前來參加宴會的官員。

到了吉時，經過一系列繁瑣的程式之後，眾人便開始進殿。皇帝位居大殿正中，坐北朝南，俯視群臣。官員席分為三等，最高等為殿上席，也就是與皇帝同在主殿之內就餐，主要包括皇室宗親、三品以上高官和四、五品官員之中身居要職者；次一等為偏殿席，主要是四、五品官員中身居普通職位之人以及六品官員中身居要職之人；最低等為廊下席，只得在大殿兩廊下就餐，雖然名義上與皇帝一同就餐，卻只能遠遠地望上一眼，還不一定能看得到皇帝的身影。

6（南宋）李燾《續資治通鑒長編．元豐八年五月丁酉》。
7（宋末元初）周密《癸辛雜識．後集．五月五日生》。
8（元代）脫脫等《宋史．禮十六》。
9（元代）脫脫等《宋史．禮十六》。

開宴後，君臣們喝著小酒，談著治國之道，欣賞著宮廷樂舞表演，好不暢快！

第二種是節日賜宴，無論是元旦、上元、重陽、冬至等傳統節日，還是出於政治需要而設立的天慶、天禎、天貺、先天、降聖、天應、開基等新興節日，皇帝通常都會下令賜宴群臣，並允許百姓宴飲齊樂。天慶、天禎、天貺、先天、降聖這五個節日都是真宗皇帝趙恆偽造天書或者趁著封禪泰山之機而設立的，其實就是為了掩飾對遼作戰失敗並被迫簽訂澶淵之盟的奇恥大辱，蓄意營造普天同慶的假象。

作為一年之始的元旦（即農曆大年初一）意味著萬象更新，朝廷通常都會舉行大朝會，屆時皇帝會接受百官及外國使者的朝賀並賜宴。朝會後二日，遼國使者會赴御苑與北宋的神射手們舉行一場射箭友誼賽。無論輸贏，皇帝都會宴請當日所有參賽者，若是宋朝神射手贏了，往往還會舉行全城慶祝活動[10]，龍顏大悅的皇帝也會賞賜給神射手銀鞍馬和衣物，特別突出者還會為其加官晉爵。

第三種是賜酺宴。賜酺為中國古代的一種酒禮，每逢吉慶大典或大赦改元之際，皇帝都會特許天下人不用上班，整天就是喝酒吃飯玩樂，以此來昭告天下當下是個太平盛世。那些官員們可以毫無顧忌地吃吃喝喝，底層百姓卻不敢肆無忌憚地坐吃山空。

宋朝賜酺宴分為五日宴和三日宴。不管是哪一種，第一日為觀酺日，是最為隆重、最為熱鬧的一天。乾元樓前會搭建起高高的露臺，教坊司中技藝精湛的藝人們會輪番登臺獻藝，此外還會準備二十四乘棚車，每十二乘為一組，那些身披彩帛的牛拉著皇家藝人們邊走邊演。此時開封城中的大街小巷已然用彩綢、鏤板等裝飾一新，牛車所到之處人頭攢動，車騎塞道，斑斕的色彩與此起彼伏的叫好聲交織在一起。皇帝緩緩登上城門上方的城樓，左右廊下設彩棚，親王官員等人坐於棚下。京畿父老輪流列坐於樓下，皇帝俯視著百姓們，緩緩舉起手中的酒杯，宴席便正式開始了。在此後數天之內，喝酒吃肉都會成為生活的主基調。

第二日，皇帝會前往都亭驛宴請百官，在親王宮宴請皇室宗室；第三日，皇帝又前往都亭驛宴請宗室和親信宦官，還會去宰相府邸宴請親近的大臣；第四日，皇帝再度前往都亭驛宴請百官，還會在外苑宴請皇室宗室；第五日，皇帝又前往都亭驛宴請宗室和親信宦官，還會將親近的大臣邀請到外苑宴飲。在宴會過程中，皇帝通常會作醻宴詩，參加宴會的人員一邊喝著御酒一邊作勸酒詩。

若是三日宴，第一日為觀醻，第二日賜宴皇室宗室和文武百官，第三日宴請比較親近的官員。

在賜醻宴舉辦過程中，都亭驛成為重要的宴會場所，不過隨著參加人員的增多，都

10 （宋代）孟元老《東京夢華錄・元旦朝會》。

亭驛顯得越來越局促。北宋大中祥符元年（西元一〇〇八年）十二月之後，真宗皇帝趙恆將賜宴地點改為錫慶院。賜酺宴不僅會在京城舉行，全國各地都會舉行賜酺活動，喜慶的熱潮會席捲大宋上下，不過最為熱鬧的還是都城開封。

第四種是射宴，也就是習射之後舉行的宴會。皇帝與群臣在皇家園林遊玩時常會令宗室子弟、武臣將領射箭取樂。皇家園林之中均設有射棚，習射時往往會派遣數人充做招箭班，統一穿紫紅繡衣，頭上裹巾，分別站立於射棚左右，專門檢查習射之人是否射中。

宋代習射活動形式多種多樣，有靶射，有騎射，還有射柳枝等。靶射就是站著射靶子，皇帝往往會參與其中。每當皇帝射中靶子，官員們便會爭先恐後地拜賀稱頌；若是手下官員射中，皇帝也會賞賜物品。騎射和射柳枝屬於娛樂性比較強的節目，主要由射術精湛的士卒來完成，皇帝和官員往往只是在一旁觀看。

習射後，皇帝便與手下官員們去喝酒消遣，不過宴席過程中也常常會作詩助興。

除了皇帝心血來潮組織的習射外，外國使者入朝時通常也會舉行宴射，而且多安排在玉津園。

第五種是重臣餞行宴。朝廷重臣奉命出使外國或者到地方任職、高級官員退休、節度使返回駐地，皇帝往往都會舉行宴會話別，朝中相關官員還要作陪，借著酒勁說些依依惜別的話，卻不知是真情還是假意！

第六種是外國使臣宴。外國使臣前來朝見時，朝廷通常會舉行歡迎宴；外國使臣前來辭行時，通常要舉行送別宴，一般會安排在崇德殿（後改名為紫宸殿），特殊情況下也會在驛站賜宴。不過這種宴會參加者的範圍比較小，除了朝中高官，便是負責外事工作的官員。

第七類是君臣曲宴。與規模宏大的大宴相比，曲宴往往帶有私宴性質，並不需要特別的事由，也不需要逢年過節，只要皇帝一高興便會召集親信官員們來宮中喝酒，有宰相，有三品高官，也有四品、五品的中級官員，五品以下官員通常不會受邀參加。

曲宴的形式也是多種多樣，除了喝酒之外，還有賞樂、賦詩，有時還會伴有賞花、釣魚等娛樂活動，可謂是君臣之間比較放鬆的一種宴會形式，但那些參加的官員卻一刻也不敢掉以輕心。

賞花曲宴是最為常見的曲宴形式，皇帝帶領一幫子官員在宮中賞花，通常還會有賦詩、釣魚、射箭等活動，玩得盡興之後再美美地吃上一頓。在這中間的賦詩環節是皇帝最為看重的項目，通常都是皇帝先賦詩，群臣再唱和。本是助興的娛樂活動，但官員們所作詩詞品質卻關係著他們未來的前途命運，比如仁宗朝擔任秘閣校理的韓羲，就曾因所作詩詞被仁宗皇帝趙禎所厭惡而被降為司封員外郎（元豐改制前為從六品上階），同判冀州[11]。韓羲原本擔任的是令人豔羡的館職，但文化水準卻實在有限，自然惹得皇帝很是不悅，一朝外放冀州擔任二把手，仕途也就此變得黯淡。

有了前車之鑒，參加賞花曲宴的官員們在赴宴前都要進行精心的準備，就好似是通宵達旦備考的考生，思索著皇帝明天可能會出什麼題，自己又該如何應對，甚至會提前打好腹稿，以至於夜不能寐——原本是君臣之間歡快的宴會，卻把這些官員弄得抑鬱了。

北宋天聖年間（西元一〇二三——一〇三二年）的某日，仁宗皇帝趙禎召集官員們舉行賞花曲宴，又有很多人為此而徹夜不眠。誰知偏偏那日有人向皇帝進貢了山水石，於是賦詩的主題臨時變為了詠石，可昨夜那些官員們準備的卻是賞花詩！

那些精通詩詞歌賦的官員還能臨機應變，可那些並不擅長此道的官員卻是叫苦不迭，即便抓耳撓腮也只能想出些矯揉造作而又不盡人意的詩句，有好幾人因所作詩賦品質太差而被仁宗皇帝貶往外地。這些人當時窘迫的滑稽相也被藝人們改編為戲劇，演出時惹得無數觀眾捧腹大笑[12]。

有人失意自然便會有人得意，在一次賞花曲宴上，真宗皇帝趙恆與朝臣們一同垂釣，可他釣了半天卻連一條魚都沒能釣上來。就在尷尬不已之際，丁謂卻獻詩道：「鶯驚鳳輦穿花去，魚畏龍顏上釣遲。」[13]此舉無疑給真宗皇帝解了圍，水中的魚因畏懼真龍天子才遲遲不肯上鉤，這馬屁拍得可謂是清新脫俗！

真宗皇帝自此對丁謂愈加器重，一路將其提拔為參政知事（即副宰相），但丁謂曲意逢迎的性格註定他不會成為有作為的官員。他暗中算計宰相寇准並取而代之成為宰相，不過等到仁宗皇帝趙禎即位後，他大肆勾結宦官、蒙蔽皇帝的罪行也被人揭露出來，從宰相貶為崖州（今海南三亞）司戶參軍，最終落得個身敗名裂的下場。

在賞花曲宴過程中，皇帝要是來了興致，往往會隨手剪下一朵嬌豔的鮮花，親自插在朝臣的髮間，這可是無上的榮耀。真宗朝樞密使陳堯叟便是這為數不多的幸運兒。宴會結束後，他滿心歡喜地出宮去，誰知卻突然刮起一陣風，皇帝親手插在他髮間的那朵花的葉子被風吹落了。他邁著蹣跚的步子去追，追了半天才追上，趕忙放入自己的袖中[14]。在他的眼中，皇帝賜給他的花，每片葉子、每片花瓣都是無價之寶。這也成為他一輩子引以為傲的事，靠著皇帝賜給他的這朵花便可吹一輩子牛！

11 （南宋）李燾《續資治通鑑長編・天聖八年二月壬申》。

12 《宋人軼事彙編・雜事》。

13 （北宋）歐陽修《歸田錄》。

14 （南宋）吳曾《能改齋漫錄・記講・御親賜帶花》。

科舉及第後的慶祝宴

為了慶賀金榜題名，科舉及第者們通常都會舉行聞喜宴，唐代時一般會在長安城中風景秀麗的曲江池舉行，宴會所需經費由參加宴會的人員「AA制」。五代時，宴會改在佛寺園林中舉行，相關費用則由官府承擔。太祖皇帝趙匡胤延續了五代的傳統，曾經賜給及第進士王嗣宗等人一大筆經費，專門用於舉辦聞喜宴。

太宗皇帝趙光義為了籠絡這些走上仕途的讀書人開始賜宴，不過皇帝並不會出席。起初賜宴的地點並不太固定，開寶寺、迎春苑等地都曾舉辦過聞喜宴。北宋太平興國八年（西元九八三年）四月，太宗皇帝在皇家園林瓊林苑賜宴，此後聞喜宴基本上都會在風景秀麗的瓊林苑舉辦[15]。

聞喜宴通常會一連舉行兩天，分別宴請進士科和其他諸科，雖說都會有官員出席，但出現官員的品級卻有所不同。進士科最受重視，出席的官員通常是「丞郎」和「大兩省官」[16]。「丞郎」就是尚書省的尚書左、右丞（正二品）和六部侍郎（從三品）。「大兩省官」是中書省、門下省五品及以上官員。其他諸科的地位明顯不如進士科，出席官員通常是「省郎」和「小兩省官」。「省郎」就是諸司郎中（從六品）、員外郎（正七品），「小兩省官」是中書省、門下省五品以下官員。

宴會當天，新及第者要拜謝主考官，這可是他們交結高官權貴們絕佳的機會。皇帝雖不會參加，卻往往會派宦官們前去賜詩，還會給每個人發放《中庸》、《大學》、《儒行》等官方指定讀物，有時還會特別吩咐御廚烹製幾道精美佳餚送到宴席上賜給他們品嚐，這對於那些初入官場的人來說無疑是莫大的榮耀。

除了官方出資舉辦的聞喜宴外，新及第者們還會組織一系列私人慶祝活動，稱為「期集」。由於相關活動很多，組織難度也比較大，通常會委託仲介組織「進士團」來全權操辦，由當科狀元負責與進士團接洽，還會從新及第者們中挑選若干人負責具體事務。新及第者們在賦詩唱和、觥籌交錯間迅速建立起深厚的情誼，有朝一日誰要是發達了還可以拉兄弟一把，大有拉幫結派之嫌。

官員有事沒事聚一聚

在《清明上河圖》中，兩處酒家門前都出現了官吏的身影，這無疑是當時的一個真實寫照，因為吃喝早已成為官員日常生活中不可或缺的一部分。

每十天，也就是一旬，官員們便會聚一聚，一起喝喝小酒，聊聊工作，發發牢騷。

15 （清代）徐松《宋會要輯稿·選舉二》。

16 （元代）脫脫等《宋史·選舉一》。

城外汴河邊一處酒家門前正在交談的官員

城門附近的一處酒家門前正要進門的小吏

此外還有沒完沒了的迎來送往：上面的官員來檢查工作，上面的官員公幹路過，自己到下面去檢查工作，自己公幹路過，都免不了要喝上幾口。

公務聚餐花的通常都是公使錢，包括朝廷撥付的正賜公使錢和地方官自行徵集的公使錢。正賜公使錢按月或按年根據行政級別發放，比如節度使兼使相，正賜公使錢高達兩萬貫。這筆錢由官員自由支配，主要用於交際應酬和宴請活動。[17]不過中低級官員的公使錢卻少得可憐，難以維持他們正常的吃喝需要，因此朝廷准許各部門自籌經費，用於公務宴飲活動。正是公使錢的存在使得宋代公務員可以敞開了吃，敞開了喝，反正也不用自己買單。

同僚出使國外或者調任外地，官員們通常都會設宴送行。如若是節度使以上的官員離京，皇帝還會下詔在皇宮之中為其舉辦餞行宴。中書、門下兩省五品以上官員，尚書省四品以上官員以及其他部門三品以上官員，遇到同僚朋友出使或外任，朝廷還會專門給他們一天假，前去參加餞行宴，地點通常會安排在開封郊外，眾人把酒作別，微醺之後往往還會作幾首送別詩贈給對方，若是有歌妓在場，還會當場譜曲並將作別詩唱出來。其餘官員如有親屬、同僚出行，朝廷通常並不會給假，只能在休息日自掏腰包舉行私人宴請活動。

若是升遷了，官員通常都要舉行宴會。由於官員們格外看重官職，誰要是被授予官職就好比如今評上院士了，更要大肆慶賀一番。那些被授予官職的官員首先要致書眾同僚，闡述同僚之好，然後自掏腰包備辦酒宴，不過宴會的主席卻要留給自己的上司。宴會的豐盛程度要看請客官員自身的經濟狀況，即便囊中羞澀，為了撐門面也會咬緊牙關請同僚們吃頓大餐。

來自同一地方的「同鄉」之間，同一年科舉及第的「同年」之間隔三岔五便會聚一聚。同級之間、上下級之間若是志趣相投也會經常聚在一起喝酒。

隨著商品經濟的繁榮和官員收入的提高，大宋官場宴席上便多了很多「硬菜」。哲宗朝宰相韓縝特別喜歡吃驢腸，每次宴請客人都會上這道壓軸大菜，但這道菜對火候的要

17（南宋）李燾《續資治通鑑長編．慶曆三年五月乙未》。

求卻極高，稍欠火候吃起來便會有點硬，過了點火吃起來又會有點軟，只有火候剛剛好才能感受得到驢腸的脆美。

為保萬無一失，韓縝府上的廚師只得將一頭活驢拴在廚房旁邊的柱子上，酒宴開始後再殺驢抽腸，將其洗淨後進行烹飪。這一幕恰巧被府上的一個客人看到了：剛剛還好端端的一頭驢轉眼間便成了他們腹中食物！自此之後他再也未曾吃過驢腸[18]。

一些官員退休後也不閒著，邀請曾經的同僚或當代名流歡聚一堂，聚會漸漸演變成為諸老會。宴會組織者通常都在七十歲以上，參與者要麼是退休的高官，要麼是在任的資深官員。這些老年人飲酒作詩，議論時事，暢談過往，相攜出遊，儼然一副夕陽紅的美好畫卷。

因年少時浮球而聞名於世的文彥博退休後在洛陽組建了耆英會；太宗朝宰相李昉被罷相後在開封與另外八位年老官員成立了「九老會」；郎簡、范說等六人舉辦「吳興六老之會」；曾支持范仲淹等人推行「慶曆新政」的仁宗朝宰相杜衍退休後與曾任太子賓客的王渙、曾任光祿卿的畢世長、兵部郎中分司朱貫、曾任尚書郎的馮平籌建了「五老會」。

除了這些諸老會，官員退休後也會積極尋覓同齡人組建同甲會，一起慢慢變老，老到哪兒也去不了，索性也就散夥了！

第三節　飯館的掙錢訣竅

差異化經營與精細化管理

在宋代，酒家與飯館其實是有所區別的。正店、腳店屬於酒家，以提供酒水為主，當然也會供應下酒的飯菜，去那裡既是為了開懷暢飲，更是為了放鬆消遣。

飯館主要是供應飯菜，當然有的也會提供酒水，但來這裡就餐的客人主要還是為了充饑。開封城中有大量的流動人口，多是忙於生計的底層百姓，其中很多人忙得根本沒有時間自己做飯或者居住的地方壓根就不具備做飯的條件，因此只得去飯館甚至更為便宜的路邊小食攤上吃飯。

18（南宋）洪邁《夷堅志・支志丁・韓莊敏食驢》。

城門附近的飯館

規模較大的綜合性飯館稱為「分茶」，比如位於州橋附近的李四分茶、曲院街附近的薛家分茶等，吃的喝的，冷的熱的，酸的甜的，素的葷的，有茶有羹，有面有餅，可謂應有盡有。不過也有一些分茶只提供素食，類似於寺院裡的齋食，主要面向那些虔誠禮佛的信徒。

瓠羹店主要經營肉食，比如右掖門外街巷史家瓠羹店、州橋西側的賈家瓠羹店、東角樓街巷徐家瓠羹店。瓠羹店都很重視店鋪裝飾，往往會在門口用長木條紮成牌樓的形狀，然後再大肆裝飾一番，與彩樓歡門很相似，不過上面掛的卻是一條條豬肉和羊肉，居然有二三十條之多，就如同晾曬臘肉、臘腸一般。凡是經過店門口的客人，看到這些誘人的食材便會產生進去吃一頓的衝動。不過到了夏季，在招徠客人的同時，想必也會招來成群結隊的蒼蠅蚊子！

瓠羹店大多會提供早點，每天天不亮，瓠羹店便會開門營業，有的甚至會通宵營業，店門口往往會坐著一個小夥計。瓠羹店還有一個專屬名稱「饒骨頭」，主打產品是灌肺、炒肺，不知這些以肺為原料的早點為何會如此受宋人青睞，莫非與開封時常受風沙侵襲而導致 PM 2.5 超標有關？

每家瓠羹店都設有廳堂庭院，東、西廊下放置餐桌。每每見到客人進來，夥計們便會熱絡地迎上前去，給其安排合適的座位。等到客人坐定之後，負責點菜的夥計便會拿著筷子、菜單迎上來，請客人點菜。當時瓠羹店普遍用的是一種琉璃淺棱碗，稱為「碧碗」。如果是口味清淡的小姑娘，可以點「造齏」，也就是造型精緻的素菜，每碗只要十文錢。如果是喜歡吃肉的小夥子，可以點「合羹」，裡面會有大塊大塊的肉，看上去很解饞，吃起來很解飽。如果一份太多吃不了，也可以點半份，稱為「單羹」。

稍稍有些身家的人，會熱菜、冷菜、溫菜一起點，有的還會要整桌套餐，更「小資」的人甚至還會單點絕冷（類似於冰鎮）、精澆（全要瘦肉不要肥的）和膘澆（全要肥的不要瘦的）。

在《水滸傳》中，號稱「鎮關西」的鄭屠戶仗著在當地有錢有勢肆意欺壓流落到

汴河邊的小飯館

此的弱女子金翠蓮，行俠仗義的魯智深決意為其報仇，於是便故意提出了極為苛刻的要求：先要了十斤精肉切成肉末，不要半點肥的；又要了十斤肥肉切成肉末，不要半點瘦的；最後要了十斤寸金軟骨，不要一丁點肉，終於激怒了鄭屠戶。不過面對客人們近乎苛刻的要求，瓠羹店卻總會設法滿足。

面對店內客人們的呼來喚去，服務員（當時叫堂倌）每時每刻都要小心應對，對於人家點的菜、提的要求要一一牢記在心，然後再一句不漏地轉告給後廚。服務員上菜也是個技術活，左手拿著三隻碗，右臂從手至肩摞著二十多個碗，逐一分給有需求的客人，稍有差池便會觸怒客人，輕則受一頓責罵，重則罰工錢，甚至被直接辭退[19]。因此，他們不敢有一絲一毫的馬虎。

開封城內流動人口多，口味雜，於是便出現了不少風味小食店，比如以經營南方風味為主的南食店，以寺橋金家和九曲子周家最為出名；以經營北方風味為主的北食店，

汴河邊的饅頭鋪

以白礬樓前李四家、段家熬物、石逢巴子最負盛名；還有專營四川風味的川飯店，主打菜有插肉麵、大燠麵、大小抹肉、淘煎燠肉、雜煎動物內臟、生熟燒飯。燠是宋代的一種醃製保藏食物的方式，即將肉在油裡炸熟，再加入各種作料，放入盛著油的甕中，想吃的時候直接取用就行。大燠麵與淘煎燠肉都是以燠肉為原料。

開封城中還有一些主營麵食的小店，主要有饅頭鋪、油餅店和胡餅店。饅頭鋪的主打產品自然是饅頭，尚書省附近的萬家饅頭在開封城中名氣最大。油餅店主要賣蒸餅、糖餅等食品，有的裝在盒中便於客人攜帶，有的放在盤中便於客人拿取。胡餅店的花樣稍稍多一些，有賣門油、菊花、寬焦（一種又薄又脆的油炸食品）、側厚、油碢（即油煎大餅）、髓餅（即甜口的燒餅）、新樣、滿麻等。店內通常有多張桌案，每張桌案前都會有三五個夥計在擀麵，再將擀好的麵放入爐中。從五更天

19 （宋代）孟元老《東京夢華錄·食店》。

護城河邊的餅鋪

開始，店內的夥計們便開始忙碌起來，武成王廟前的海州張家餅店、皇建院前的鄭家餅店最為興盛，每家都有五十多個烘爐同時在烤餅[20]，儘管如此仍舊時常供不應求。

由於開封城中寸土寸金，要想在城中租賃一處門臉，租金可是一筆不小的費用，因此很多小商販只得選擇四處流動或者占道經營，有的商販是行商，推著獨輪車走街串巷，或者手提肩挑四處叫賣；有的小販是坐商，選擇熱鬧之處擺攤，比如虹橋邊、大酒樓門口、熙熙攘攘的御道旁。

在這些小食攤販之中，有的常年以此為生，也有的專賣時令食品。比如三伏是一年之中最熱的時候，小攤販便會在街上支起一把青布傘，傘下擺著適合夏季食用的透著清涼的小吃，如沙糖綠豆、水晶皂兒、麻飲雞皮、細索涼粉等[21]，等夏季結束後，他們便去找別的工作營生；也有專門做冬季食品的攤販，售賣盤兔、旋炙豬皮肉、野鴨肉、滴酥水晶膾、煎角子、豬臟等熱氣騰騰而又香氣撲鼻的小吃[22]，在寒冷的冬日裡只要吃上一口渾身上下便會感到陣陣暖流！

不出門叫外賣

如果懶得出門也可以叫外賣，十千腳店門口便有一個夥計正出去送外賣，他左手拿著兩個碗，並非尋常的瓷碗，而是金質或銀質的碗，右手似乎還拿著一雙筷子，急匆匆趕往客戶家中，不過卻並未採取什麼保溫措施，看來下單的客人距離十千腳店應該並不遠。

如果客人訂購的飯菜比較多或者距離比較遠，通常會用提盒來送餐。城門附近有一處小食店，小食店側面的樹下坐著一個夥計，旁邊的地上放著提盒，可能是剛剛送了好幾單，感覺有些疲憊就坐下來歇

十千腳店門口的外賣夥計

在小食店門外歇息的快遞夥計

20 （宋代）孟元老《東京夢華錄・餅店》。
21 （宋代）孟元老《東京夢華錄・是月巷陌雜賣》。
22 （宋代）孟元老《東京夢華錄・州橋夜市》。

城內「王員外家」旅館外的小販

城外準備進城的小販

城外等待進城的小販

一會兒，也可能是要送的外賣還沒有做好，等做好之後再去送下一單。

提盒是宋人盛放物品的重要容器，上面有提梁，下面是箱盒，往往成對出現。宋代男子留長髮，有時也會將梳妝用具放在提盒之中隨身攜帶，但主要還是用來盛裝食物。

除了上面那位正在歇息的快遞小哥之外，《清明上河圖》中還有三處地方繪有提盒。城內「王員外家」旅館外的大街上，一個小販挑著提盒緩緩走過。城外準備進城的人群中，有一個挑著提盒的小販。城外不遠處正在歇腳的人群中，有一個小販將提盒放在地上，準備休息一下再進城來。

上述四個小販所用提盒的規格形制都差不多，兩層疊在一起，側面還有立柱樣式，上面都有橫樑，可以扛在肩頭。

提盒是送外賣的必備用具，就如同今天外送員們送餐時用的保溫箱，使得很多宋人足不出戶就能吃到熱乎可口的飯菜！

飯館裡來了不速之客

飯館中掌勺的廚子被稱為「茶飯量酒博士」，這個博士指的可不是學位，而是技術工。店中年輕的服務員統稱為「大伯」，真沒想到飯館裡面當夥計還能長輩分。除了這些人，飯館裡還會時常出現一些社會上的閒散人員。

店門附近時常會有腰間繫著青花布手巾，頭上綰著高高髮髻的婦人，或許是她梳的髮髻實在太高，看著有掉下來的危險，人們將這種髮髻稱為「危髻」。她們總會厚著臉皮進店來為酒客們換湯斟酒，然後再趁機要些小錢，被稱為「焌糟」。

一些人見到衣著光鮮的年輕男子在飯館中飲酒便恬不知恥地湊過去，主動提出甘願受人家差遣，替人家跑跑腿，買些酒菜，找個妓女，送些財物，這些人被稱為「閒漢」。

有些男子也會跑到食客們面前換湯斟酒，歌唱跳舞，進獻果子香藥，就如同如今的網紅，只要能吸引眼球，討人家歡心，什麼都肯幹，無非是想等人家結帳時賞他幾文錢，這些人被稱為「廝波」。

一些下等妓女，不請自來，主動跑到店裡來為那些看似有錢的客人跳支舞、唱首歌、陪個酒，人家一高興臨走時也會賞給她一些錢物，這些風塵女子被稱為「打酒坐」。

一些賣藥或賣果實、蘿蔔的小販們也會闖入飯館之中，那些正吃得盡興的食客們還不知對方來意，他們便強行將要售賣的東西硬塞到人家手中，然後再伸手要錢。對方要是膽敢不給，即便走得出飯館，恐怕也回不了家。這些小販其實就是地痞無賴們裝扮的，被稱為「撒暫」。

上述這些不速之客有的與飯館暗中勾結，即便沒有勾結，飯館對於他們的到來也往往是睜一隻眼閉一隻眼，以免不慎觸怒了對方會給自己無端地招惹來麻煩。

不過也有例外，州橋炭張家和乳酪張家決不允許上述人等入店[23]，賣的也都是人人稱道的好酒好菜。

第四節　茶壺裡面煮三江

古香古色的煎茶

到了宋代，上至帝王將相，下至黎民百姓都癡迷於飲茶。徽宗皇帝趙佶曾經繪有以飲酒喝茶為主題的作品《文會圖》，還專門撰寫了茶書《大觀茶論》。

在皇帝的積極宣導之下，宋代飲茶之風越來越盛，政府官員、文人雅士無不尚茶，甚至「五行八作」的普通百姓也無不崇茶，品茗成為宋人生活中不可或缺的一部分。

唐代流行煎煮，類似於今天熬藥；宋代流行沖點，類似於今天沖奶粉；到了明代才開始流行沏泡，也就是將散條形葉茶泡著喝，這個飲茶習慣也一直沿用到了現在。

23（宋代）孟元老《東京夢華錄．飲食果子》。

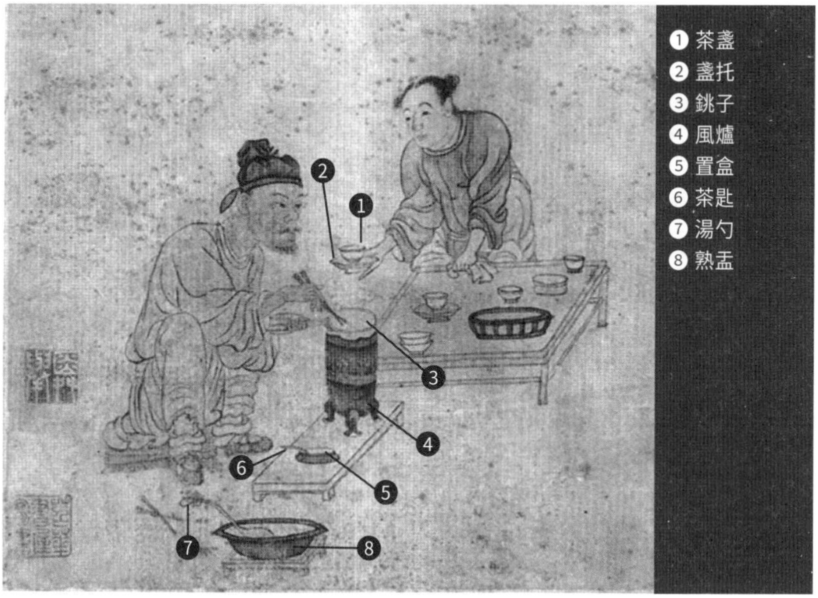

（宋末元初）錢選《蕭翼智賺蘭亭序圖》（局部）

煎茶的習俗從唐代延續到了宋代，不過從北宋中期開始，不再像之前那樣在煎煮時放入薑、鹽等調味品，使得茶本身所帶的淡淡的香氣漸漸顯露出來。

在《蕭翼智賺蘭亭序圖》中，一個老者左手握著銚子（煎茶用的小鍋）上的手柄，右手拿著一雙筷子。銚子坐在鼎形風爐之上，這種風爐便於隨身攜帶。當時也有用磚石壘砌的風爐，大文豪蘇軾曾在《試院煎茶》中留下了「磚爐石銚行相隨」的詩句。風爐旁邊是裝著茶葉的置盒，裡面還放著一把茶匙，也就是從置盒之中舀茶葉的小勺。

老者將茶葉放入銚子之中煎煮，時不時地用手中的筷子攪動裡面的茶葉。最外側放著一個類似盆子的熟盂，裡面放著一把湯勺。煎茶講究三沸，前兩次煮沸時要用湯勺將那層沫餑（也就是最上面那層浮沫）舀出來放在熟盂之中，稱為「救沸」或「育華」。銚子裡的水繼續沸騰，讓茶和水進一步融合成茶湯，等到第三次沸騰後，再將熟盂中的沫餑倒回茶湯之中，均勻地分到每個人的茶盞之中，寓意雨露均施，分甘同苦。

風靡一時的點茶

宋代最流行的是點茶，與煎茶最大的區別在於將茶葉磨成細末後無須煎煮，而是將茶葉末調製成膏狀置於茶盞之中，然後再用沸水進行沖點。點茶所用器具與煎茶也有著較大差異，銚子與風爐漸漸被長長的湯瓶與方形或圓形的燎爐所取代。

❶ 荷葉蓋
❷ 貯水甕
❸ 湯瓶
❹ 熟盂
（用於盛放熱水）
❺ 茶盞
❻ 盞托
❼ 置盒
（放置研磨好的茶葉末）
❽ 茶羅
（用於篩茶葉末）
❾ 湯勺
❿ 蓋罐
（盛放待磨的茶葉）
⓫ 茶筅
（用於攪動茶湯）
⓬ 釜（燒水器皿）
⓭ 茶巾
⓮ 圓形燎爐
⓯ 茶磨
⓰ 茶匙
⓱ 茶帚

（宋代）劉松年《攆茶圖》（局部）

點茶分為「碾茶」、「羅茶」、「候湯」、「熁盞」、「沖點」等五個步驟。宋代的茶葉基本上都是發酵茶，將新鮮的茶葉製作成茶餅，在飲用之前需要將茶餅研磨成細細的茶葉末。人們將茶餅用紙包好放入碗狀器皿（如瓷質研缽或者小甕狀的石臼）之中，然後就像砸蒜一樣將茶餅搗碎，再放入碾槽之中將其碾成細末，整個過程中常常是茶香四溢，沁人心脾。碾茶時必須要快捷有力，這樣才能保證茶色的潔白純正，若是接觸茶碾時間過長，茶色會受到不同程度的損害。

「羅茶」就是將碾好的茶葉末放入茶羅之中細細地篩，只有篩得細才能確保點茶湯的效果。

「候湯」就是把握好煮水的火候，主要靠傾聽水開的聲音來判斷火候。當時有「背二涉三」的說法，也就是用剛過二沸略及三沸的水點茶最佳。

「熁盞」是在沖點之前先用開水沖洗茶盞，這個習慣也保留至今，因為將茶盞預熱後有助於激發茶香。

「沖點」是整個點茶過程中最為關鍵的一步，又細化為三個步驟。首先是調膏，先將研好的茶葉末放入茶盞之中，宋人掌握的用量一般為「一錢匕」（一．五到一．八克），注入少許開水將其調製成均勻的茶膏；隨後同時進行點水和擊拂，也就是一邊向茶盞之中注入開水，一邊用茶筅「旋轉打擊」，拂動茶盞中的茶湯，使之泛起湯花。《攆茶圖》

生動再現了點茶的全過程。

畫面下方這個僕人頭戴璞帽，身著長衫，腳蹬麻鞋，兩腿分開騎坐在長長的矮几之上，上面放著茶磨。他手持茶磨上的木把手，緩緩推磨擀茶，磨好的茶葉末如雪花般湧出，落在磨盤上，茶磨旁還放著一把茶匙和一把用來掃茶葉末的茶帚。

畫面上方那個僕人佇立在桌邊，左手拿著茶盞，右手提著湯瓶，正在專心致志而又小心翼翼地點茶。他的左手邊放著煮水用的圓形燎爐、釜和茶巾，右手邊是貯水甕，甕上還蓋著一片碩大的荷葉。桌上擺著茶盞、盞托、攪動茶湯用的茶筅、篩茶用的茶羅和儲存茶葉用的置盒。

點茶前要先將茶餅用研缽或者石臼搗碎後放入茶磨之中磨成粉末，再用茶羅將其篩成均勻細膩的茶葉末，放入置盒之中儲存。點茶時，先從貯水甕中取水倒入釜中，在燎爐上將水燒開後倒入熟盂之中，再用湯勺將水灌入湯瓶之中。湯瓶也被稱為執壺，圖中這只湯瓶腹部又細又長，看上去比較小巧，所盛的水也比較少，只能用來點茶。《文會圖》中的那個湯瓶的腹部比較寬大，盛放的水也比較多，能直接放在燎爐上煮水。正在點茶的那個僕人左手邊放著用竹子製成的比較扁平的茶筅，擊拂時茶筅比細小的茶匙更加給力！

《文會圖》描繪的是北宋宮廷宴會後飲茶的情形，無論是酒具還是茶具都透著奢華。茶桌下方放著一隻白釉瓷經瓶（明代改稱梅瓶），桌上擺著數只青白釉茶盞和黑漆盞托。一個身穿青衣的侍者站在桌前手持長柄茶匙，正從蓋罐中舀取茶葉末放入手中所端的茶盞之中。

青衣侍者的右邊應該是個官員，左邊是一個身著灰黃色長衫的侍者。圓形燎爐上呼呼地冒著火苗，湯瓶直接放在爐上進行烘烤，等到

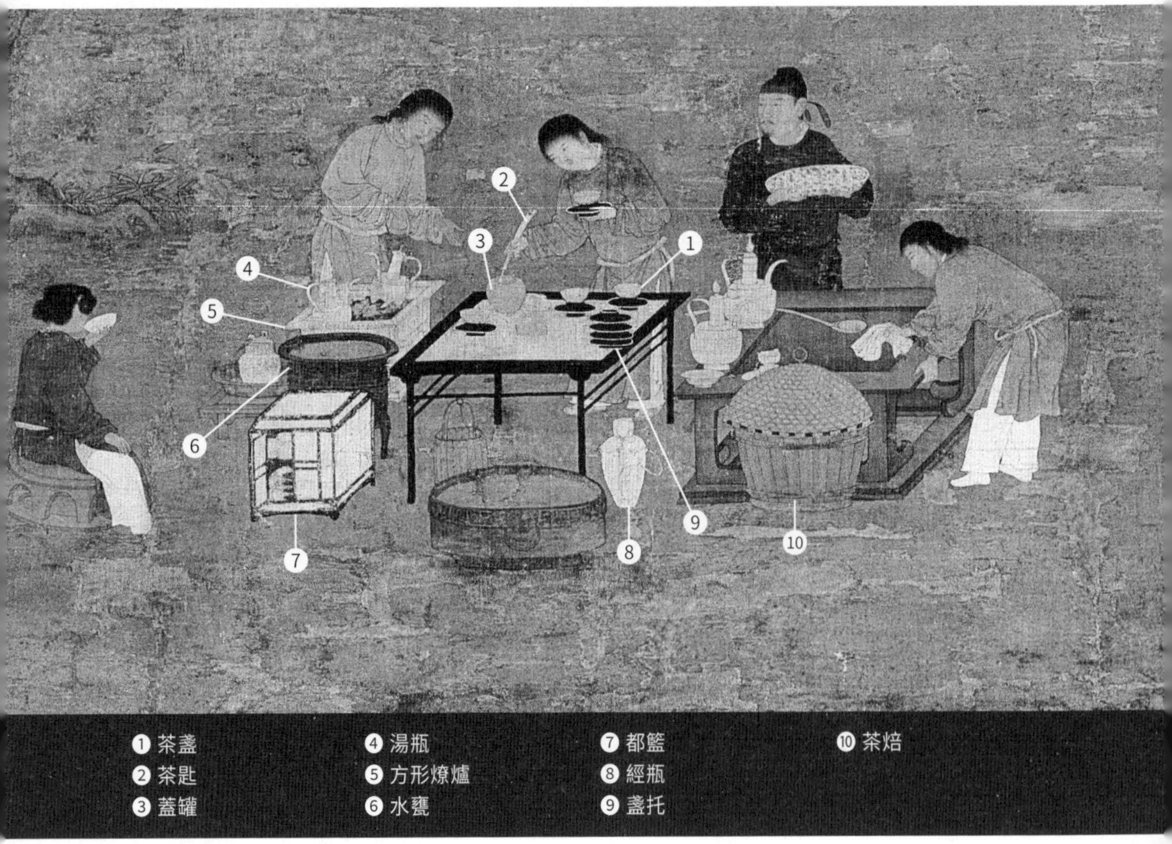

（北宋）徽宗趙佶《文會圖》（局部）

水開之後，青衣侍者便可以用燒開的水來點茶。燎爐前方是盛水用的鼎形貯水甕，湯瓶中的水便取自貯水甕。甕前放著一個方形都籃，門半開著，裡面盛放的茶飲器具隱隱露了出來。

畫面右下角還有一個青衣侍者在擦著茶几，茶几前方放著用來烘烤茶葉的茶焙——茶葉中的水分被充分蒸發後，茶香才會變得更為濃郁醇厚。畫面左下角有一位梳著雙丫髻的綠衣侍者，默默地坐在矮墩之上，或許是因為又累又渴，她正端著茶盞，旁若無人地喝著茶。

宋代還有一種更為高端的點茶方式——分茶。在沖點注湯時，用茶筅不停地攪動茶湯，使茶湯表面呈現出不同的圖案：有的是文字，有的是山水，有的是花鳥，有的是魚蟲，有的是草木，與今天的花式咖啡有著異曲同工之妙。

不過分茶過程中可能會遇到各種突發事件，若想在人前露一手需要具備高超的茶技、巧妙的構思和豐富的經驗，因此分茶在宋代成為與琴、棋、書、畫並稱的重要才藝，以至於文人士大夫在讀書之餘往往還會苦練分茶技藝。

趣味十足的鬥茶

宋人喝茶時往往並不會安安靜靜地品嘗，而是崇尚鬥茶。在《鬥茶圖》中，一棵參天松柏之下，最右側的兩人捧茶在手，左側一人提著湯瓶，正要點茶，旁邊還站著一個茶童，正在爐前煮著水。

《茗園賭市圖》描繪了市井鬥茶的情形。左下角那人左手拿著茶盞，右手提著執壺，似乎剛剛喝完茶，還在回味淡淡的茶香；右下角那人舉著茶盞，正在頗為享受地品著茶；左上角那人左手端著茶盞，右手提著執壺，正在神情專注地往茶盞之中倒水；畫面右上角那人已經喝完茶，舉起右手，用衣袖擦著嘴，大有再來一碗之架勢。畫面最左側那個老者目不轉睛地看著他們鬥茶。

鬥茶既有兩兩對決，也有多人廝殺，鬥的無非是茶的湯色與湯花。湯色就是茶水的顏色，如今我們所喝的茶水通常會帶有各種顏色，但宋人鬥茶時卻崇尚純白。茶湯純白說明茶質鮮嫩，火候精到，如若

(宋代) 劉松年《茗園賭市圖》(局部)

(宋代) 劉松年《鬥茶圖》(局部)

湯色偏青，說明火候不足；如若湯色泛灰，說明火候過了；如若湯色泛黃，說明茶葉採制不及時；如果湯色泛紅，說明茶葉烘焙過了頭。

茶水最上方泛起的泡沫，也就是湯花，也以鮮白為上，不過最重要的還是要看湯花泛起後水痕出現的早晚，誰出現得晚誰就贏了。如若茶葉末磨得細膩均勻，點湯擊拂又恰到好處，勻細的湯花會緊緊貼著茶盞邊緣，久久不會散去，稱為「咬盞」，這樣便會在鬥茶中勝出。如若茶葉末並不均勻或者點茶技藝不過關，湯花很快便會散開，茶湯與茶盞相交的地方會露出水痕，那麼便必敗無疑了！

水準不同的茶肆

開封城中有許多高檔茶肆，無論是達官貴人還是富商大賈，都時常會到那裡去品茶。

宋軍攻滅後蜀時從其皇宮之中繳獲了許多金銀玉器和古董書畫。太祖皇帝趙匡胤是武將出身，對那些字畫並不太感興趣，說與其留在皇宮之中讓自己一人觀賞，不如讓眾人一同來觀賞，於是便將那些價值連城的字畫悉數賜給東門外的茶肆[24]，頗有些「獨樂樂不如眾樂樂」的意味。自此，開封城中的高檔茶肆插四時花、掛名人畫成為潮流，那裡也成為有權人、有錢人經常踏足的高級休閒場所。

24 （北宋）陳師道《後山叢談》。

臨近郊野的小茶肆

不過親民的小茶肆卻是另外一番景象，這家臨近郊野的小茶肆裡坐著幾位歇腳的客人，燎爐正咕嘟咕嘟地燒著水。店內兩個客人相對而坐，似乎是來開封討生活的人，左邊那人的腰間繫著包袱，右邊那人的腳邊放著行李。小茶肆門旁的柱子上還拴著一頭黑驢，應該是他們趕路時的坐騎。

這間小茶肆面積並不大，四面均為敞開式，依靠四根木柱支撐，屋頂為茅草頂，裝修簡陋，陳設簡單。來這種小茶肆消費的客人有走街串巷的小商販、辛苦討生活的手藝人、賣苦力的挑夫、囊中羞澀的文人、雲遊四方的僧人，主要是想解解渴，也解解乏。像這樣的小茶肆還會賣一

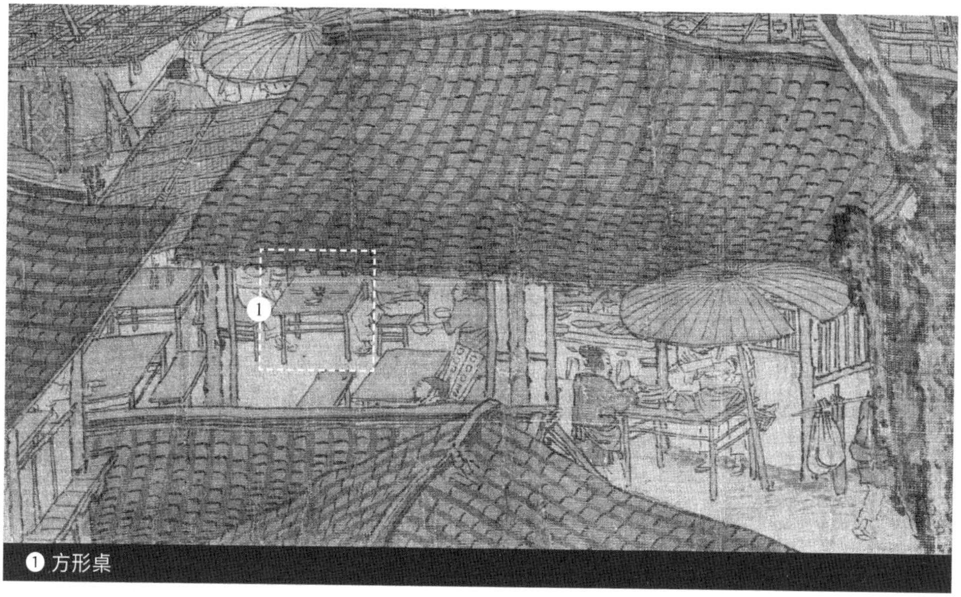

虹橋邊的餐館

些小吃，既能歇腳，又能解餓，還花不了多少錢。

這家茶肆內的主要傢俱是長條桌和條凳，與小餐館內的陳設差不多。在汴河邊的餐館、茶肆之中，長條桌相對比較多，類似明代八仙桌的方形桌出現得比較少。

條凳，也被稱為長凳。《清明上河圖》中所繪街市店鋪甚至農家宅院中都能見到條凳的身影，它們長短有別，高矮不同，說明宋代垂足而坐的高型傢俱已經在民間推廣開來。

方凳在《清明上河圖》中卻比較少。汴河北岸有一家小餐館，由於店內沒有客人，店主正在門口洗衣服，他的旁邊便擺著一個方凳，上面還放著一個盆。

方凳通常只能由一個人來坐，條凳卻可以多人同時坐，有時店內客人較多時還可以擠一擠，多坐幾個人，因此商家更青睞條凳。

汴河邊的這家小茶肆的水準明顯要比上面那家高一些，雖然主要傢俱仍是長條桌和條凳，但牆邊卻擺著一把很大氣的靠背椅。《清明上河圖》中所繪椅子少得可憐，也從側面說明這家茶肆在汴河邊的一眾小茶肆之中屬於佼佼者。因此在別家普遍生意冷淡時，這家依舊會有不少客人前來登門。

茶肆之中每日都雲集著形形色色的客人，來自四面八方的消息也匯聚於此，一些牙人便時常混跡於茶館之中。他們並不是為了吃喝，只是為了打探消息或者尋找商機。很多落魄文人也喜歡在小茶肆裡聚一聚，喝著茶，聊著天，談談家事，聊聊國事，縱論天下事。

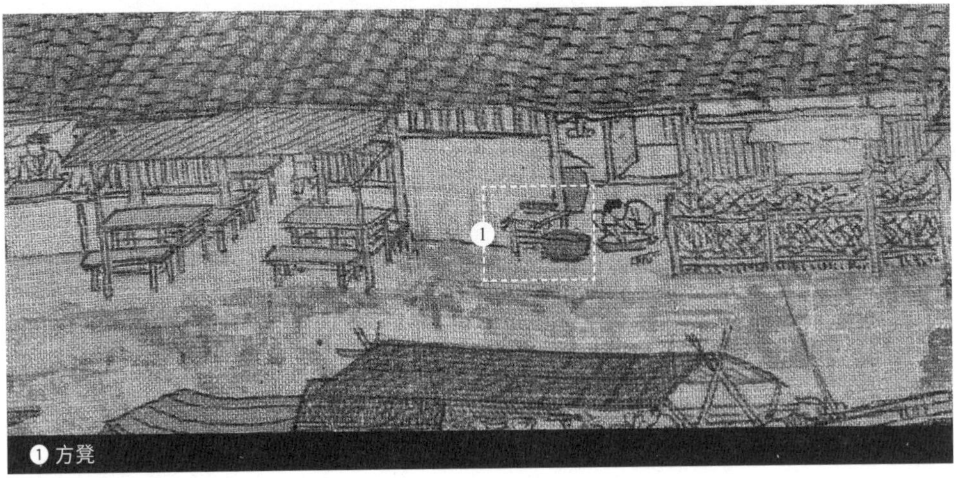

汴河北岸的小餐館

汴河邊的小茶肆

五更時分，開封城中還被濃重的黑暗所籠罩，此時大街上便出現了一些提著瓶叫賣茶水的人。無論是因公事而奔走的，還是因私事而忙碌的；無論是下夜班的，還是上早班的，只要感到口渴，將其喚來便可喝上一口熱茶，那可是相當的愜意！

小茶葉中蘊含的大商機

茶葉形制雖不大，卻屬於宋人的生活必需品，同時也是茶馬貿易和海外貿易的主打產品，因此茶葉也實行專賣制度。北宋嘉祐年間（西元一〇五六——一〇六三年），仁宗皇帝趙禎下令實行通商法，朝廷不再直接介入茶葉交易，改為收取專賣稅，也就是從直接專賣變為間接專賣。茶商只需繳納一定的專賣稅便可取得買茶許可證茶引，到茶場買茶或者直接向茶農收購茶葉。

此次改革後，茶商們的稅收負擔也隨之大幅下降，茶稅總額下降了31．93%，在非農業稅稅收收入中的比重從23．04%降至3．95%，在全部稅收收入中的比重也從8．02%降至2．75%，降幅十分明顯。

雖然茶稅看似並沒有酒稅那麼多，不過卻肩負著一項重要職能，那便是「茶馬貿易」。

由於北宋疆域相對狹小，領土內幾乎不怎麼產馬，每年都需要購買兩萬匹左右的馬，耗費數百萬貫錢。可周邊少數民族對銅錢金銀並不太感興趣——他們習慣於飲茶，對茶頗為喜愛，但他們居住的地方卻不產茶。他們喝茶不僅是為了品味茶香，更是為了身體健康。他們的飲食結構很不合理，每天肉類攝入量很大，

北宋時期茶稅變化情況[25] **（單位：貫）**

項目	至道末年（西元977年前後）	天禧末年（西元1021年前後）	熙寧、元豐年間（西元1068—1085年）
茶稅	2,852,900	3,302,900	1,942,000
非農業稅稅收收入	12,380,400	29,630,530	49,112,365
在非農業稅稅收收入中的比重	23.04%	11.15%	3.95%
全部稅收收入	35,591,730	57,254,570	70,739,350
在全部稅收收入中的比重	8.02%	5.77%	2.75%

給腸胃帶來巨大的壓力，需要借助茶來說明胃腸道進行消化。

為了便於茶馬貿易，徽宗皇帝趙佶於崇寧四年（西元一一〇五年）設立提舉茶馬司，將茶政和買馬事務歸於同一部門管理，每年購馬數量也從兩萬匹左右增至三萬匹左右。

隨著茶葉貿易的興盛，宋代也湧現出了許多家財萬貫的大茶商。他們成為當時人們競相頂禮膜拜的商業明星，在賺取巨額財富的同時，也助推宋代經濟日趨繁盛。

25 資料來源：賈大泉《宋代賦稅結構初探》，《社會科學研究》，一九八一年第三期。

第五節　宋人追捧的飲品

隨處可見的飲子鋪

虹橋南側一處房屋前有兩把大遮陽傘，傘簷下方掛著一塊長方形牌子，上面寫著「飲子」二字。傘下坐著一位賣飲子的攤主，身旁放著一個盛放飲子的提盒。他的手中拿著一個圓杯形器物，遞給前來買飲子的顧客。那人身穿短衣，一手扶著挑擔，另一隻手伸了出去，似乎要去接飲子。他的身後還站著兩人，似乎也有意買飲子。

「王員外家」旅館旁邊立著兩把遮陽傘，其中一把傘的傘簷下掛著寫有「飲子」二字的牌子，另一把傘的傘簷下掛著寫有「香飲子」字樣的牌子。賣飲子的攤

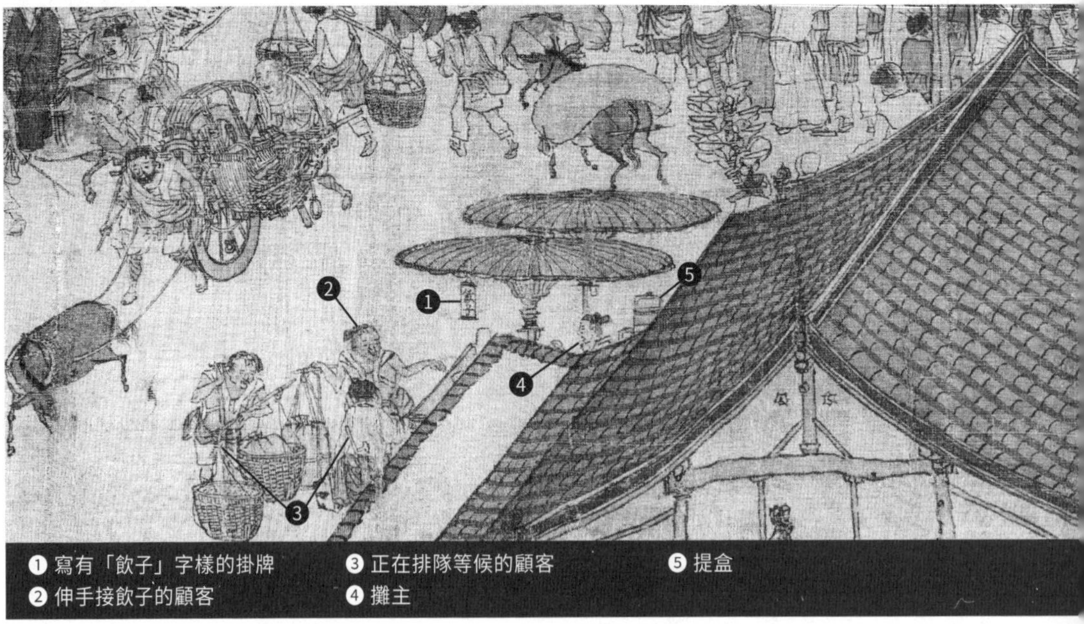

虹橋邊的飲子鋪

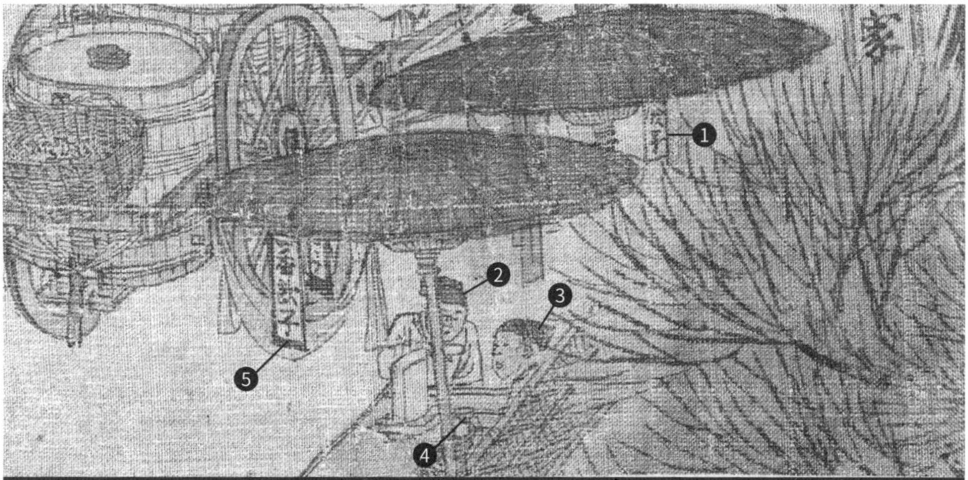

城內飲子鋪

主坐在傘下，旁邊擺著盛放飲子的容器，手中拿著一把勺子，似乎剛剛給客人舀了一碗飲子。攤主對面站著一位顧客，手中拿著一個碗，正在暢快地喝著飲子。

其實《清明上河圖》中還有一處極易被忽略的飲子鋪，它位於城外的十字街街頭拐角處，遮陽傘下掛著一塊牌子，上面也寫著「飲子」二字。

飲子究竟是種什麼飲品呢？是不是像很多人理解的那樣，就是一種普通飲料呢？

飲子誕生於唐代，到了宋代進一步細化。針對不同病症和需求，人們研發出了油飲子、地黃飲子、冷香飲子、薔薇飲子、清涼飲子、黃檗（即黃柏）飲子、羚羊角飲子、枳殼飲子、葛根飲子、消熱飲子、大黃飲子、生熟飲子、草果飲子、麥門冬（也被

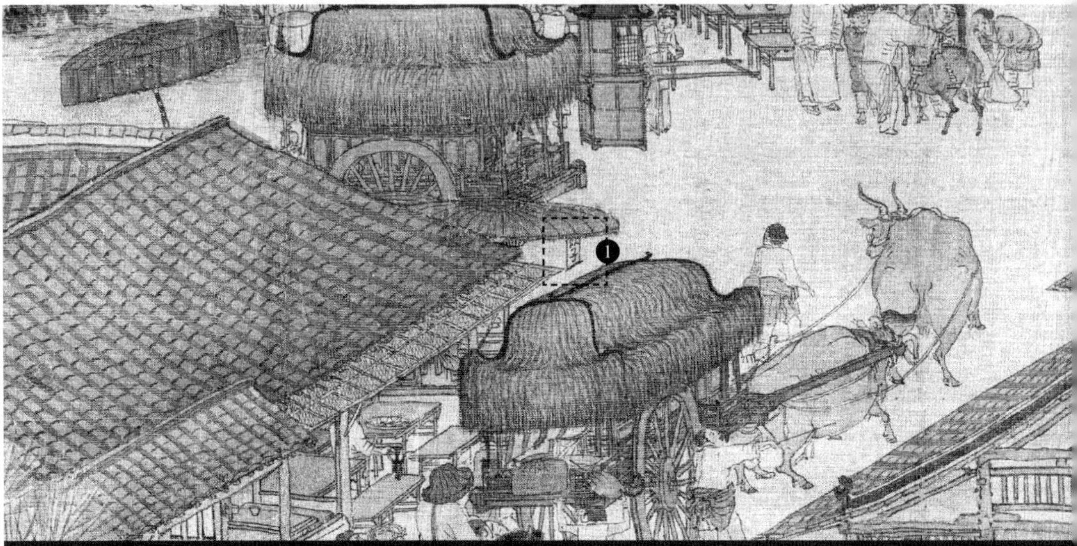

❶ 寫有「飲子」字樣的掛牌

城外十字街邊的飲子鋪

稱為麥冬）飲子等不同種類的飲子，有的是為了達到某種功效而製成的飲子，比如清涼飲子、消熱飲子；更多的是以某味藥材作為君藥，再搭配其他藥材製成的可以對症治療的飲子。

君藥對於適應證的治療往往有著很好的效果，如地黃可以清熱生津，涼血止血；黃檗可以清熱燥濕，瀉火除蒸，解毒療瘡；羚羊角可以平肝息風，清肝明目，散血解毒；枳殼可以理氣寬中，行滯消脹；葛根可以生津止渴，升陽止瀉；大黃可以瀉熱通腸，涼血解毒，逐瘀通經；草果可以燥濕健脾，除痰截瘧；麥門冬可以養陰生津，潤肺止咳。生熟飲子所用君藥似乎應為生熟地黃，生地黃可以清熱涼血，養陰生津；熟地黃可以滋陰補血，益精填髓。

宋代的飲子往往都具有一定的藥用功效，若是有針對性地飲用相應的飲子便可起到調理臟腑、補益中氣的功效。

北宋大文豪蘇軾在熟睡之際收到了好友米芾送來的麥門冬，隨即便將其製成麥門冬飲子，服用之後脾胃頓時舒服了不少，於是便欣然寫道：

一枕清風直萬錢，
無人肯買北窗眠。
開心暖胃門冬飲，
知是東坡手自煎。

消夏飲料何其多

在炎炎的酷暑之中，宋人迫切地想要避暑納涼，數不勝數的消夏飲品便應運而生了：皂兒水、姜蜜水、綠豆水、鹵梅水、江茶水、沉香水、苦水、白醪涼水、

（南宋）蘇漢臣《賣漿圖》

香糖渴水、五味渴水、雪泡縮皮飲、杏酥飲、紫蘇飲、香薷飲、沆瀣漿、五苓大順散、大順散[26]……

果汁類飲料在夏季裡喝起來會別有一番風味，當時有荔枝膏水、木瓜渴水、楊梅渴水、漉梨漿、木瓜汁、甘蔗汁、椰子水等，由於果汁中含有較多的水分和糖分，飲用後可以迅速補充人出汗後消耗掉的水分和能量。此外，果汁中還含有少量的二氧化碳成分，進入腸胃後會透過蒸發帶走體內部分熱量，起到消暑降溫的作用。

蜜沙冰是宋代的刨冰，類似於今天的紅豆冰沙，也就是在蜜糖紅豆沙中放入冰屑，與今天的刨冰差不多，吃起來口感細膩，入口即化，在酷暑之中吃上一口頓覺渾身上下清爽無比。冰雪甘草湯是一款更為酸爽的刨冰，用甘草、砂糖、清水熬成湯放涼後加上碎冰塊，吃上一口渾身酸爽。乳糖真雪是宋代冰淇淩，在碎冰之上倒上乳製品，咬上一口回味無窮。

由於宋代還沒有啤酒，尋常的酒在夏日裡往往是越喝越熱，於是便誕生了一款夏季專用酒——雪泡梅花酒。冬季採摘梅花之後拌上鹽封存在瓷瓶之中，暑天一到便用其釀酒，因為梅花的花蕾具有解暑生津、開胃散鬱的功效。酒中往往還會加入碾碎的冰末，因此才會被稱為雪泡梅花酒，只需喝上一口便會清爽一夏！

熟水類似於花草茶，用植物及其果實為原料煎煮而成，也具有一定的藥用功效。當時最受歡迎的熟水有白豆蔻熟水、雞蘇熟水、紫蘇熟水、沉香熟水、麥門冬熟水等。白豆蔻熟水是宋代著名女詞人李清照的最愛，因為她自幼便有脾虛的毛病，在暑熱盛行的夏季常常是脾胃不和，而白豆蔻性味辛溫，具有化濕行氣、暖胃消滯的作用，還可以治療濕阻氣滯、胸悶腹脹、胃寒腹痛、宿食不消等症。

不僅普通百姓對熟水鍾愛有加，宮廷之中也流行喝熟水。主管全國醫政的翰林醫官院曾專門組織御醫對各種口味和功效的熟水進行品鑒，紫蘇熟水最終脫穎而出，因為它不僅芬芳怡人，還有鎮咳祛痰的功效。

縮脾飲是宋代的涼茶，是以中醫養生理論為指導、以中草藥為原料釀製而成的具有清熱解毒、生津止渴、祛火除濕等作用的飲料。《太平惠民和劑局方》中還留有其配方：縮砂仁、烏梅肉（淨）、草果（煨、去皮）、甘草（炙）各四兩，乾葛、白扁豆（去皮上咀）各二兩。其主要功效是解伏熱、除煩渴、消暑毒。

宋人還別出心裁地發明了冰茶。在炎炎夏日裡，文人何德休設宴款待友人李若水，席間命茶童取來事先準備好的冰塊，緩緩放入茶水之中，屋內頓時便充滿了絲絲清涼。

26 綜合《東京夢華錄》、《武林舊事》、《西湖老人繁勝錄》等宋人筆記。

那些被冰鎮過的茶，只需喝上一口便會生出「涼飆生兩腋，坐上徑欲仙」的感覺。李若水自從那日品嚐之後便久久難以忘懷，於是專門寫了一首詩《何德休設冰茶》來紀念宋代冰茶的誕生！

參考文獻

〔1〕韓順發，《清明上河圖》中的酒店〔J〕。河南大學學報：社會科學版，1986（4）：4。
〔2〕郭麗冰，從《東京夢華錄》看北宋東京的夜市〔J〕。廣東農工商職業技術學院學報，2007，23（4）：4。
〔3〕成蔭，北宋開封飲食服務業述論〔J〕。四川師範大學學報：社會科學版，2003（2）。
〔4〕尹高林，北宋宴飲活動研究〔D〕。鄭州：河南大學，2010。
〔5〕樂素娜，從宋畫看宋代鬥茶之意趣〔J〕。茶葉，2011，37（3）：183-184。
〔6〕張瑩，宋代茶事繪畫及其文化內涵探析〔D〕。鄭州：河南大學，2012。
〔7〕陳曼玉、鄧莉文，宋代文人集會茶事圖中「點茶法」器具研究〔J〕。傢俱與室內裝飾，2020（10）：4。

〔8〕常雷，作為史實的圖像再現——從《文會圖》管窺北宋茶事及其器具〔J〕。榮寶齋，2018（12）：8。
〔9〕宋春，宋代茶俗與行業經濟問題研究〔D〕。鄭州：鄭州大學，2011。
〔10〕劉春燕，宋代的茶葉「交引」和「茶引」〔J〕。中國經濟史研究，2012（1）：5。
〔11〕賈大泉，宋代賦稅結構初探〔J〕。社會科學研究，1981（3）：9。
〔12〕周寶珠，釋《清明上河圖》中的「飲子」〔J〕。中原文物，1996。
〔13〕郭丹英，古人消夏飲料兼談宋代冰茶〔J〕。茶博覽，2020。

第六章　熱鬧好去處

第一節　城門：交通樞紐的繁華

屋頂的講究

《清明上河圖》中所繪城門的屋頂為廡殿頂，這也是中國古代建築等級最高的屋頂，由最上方的一根正脊和兩側的四根垂脊組成。這五條脊將屋頂分割為前後左右四個坡形平面，因此這種屋頂也被稱為「四面坡頂」。廡殿頂又分為單簷和重簷，單簷就像這座城門一樣只有一層屋簷；重簷是有多層屋簷，《清明易簡圖卷》中的城門便是重簷廡殿頂。在中國古

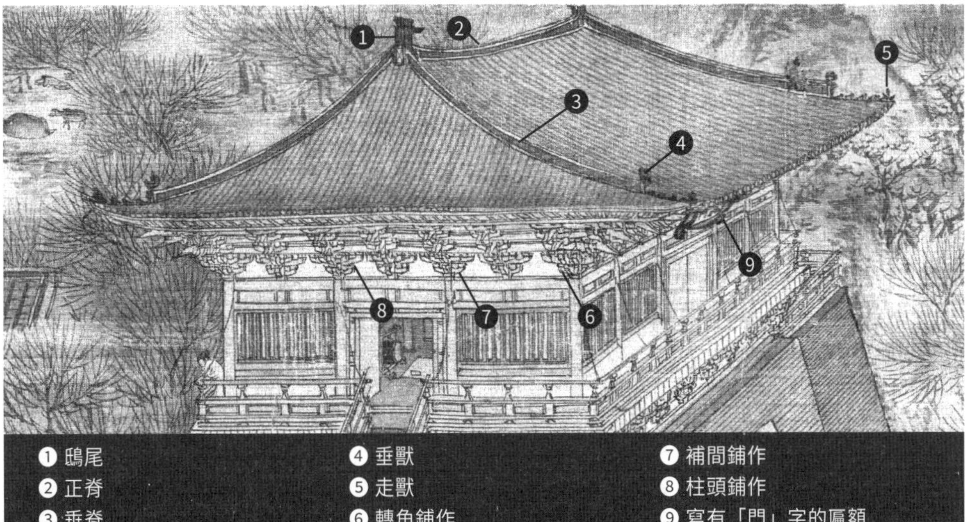

廡殿頂城門

張擇端（存疑）《清明易簡圖卷》中的城門

代，只有最高禮制的建築才會使用重簷廡殿頂，比如故宮太和殿、孔廟大成殿等正殿都採用重簷廡殿頂樣式。

《清明易簡圖卷》中的城門外側還設有甕城。在古代防禦體系中，城門往往是最為薄弱的地方，因此人們通常會在城門外側再修建一道弧形、梯形或者方形的城牆，並且在上面再開設一道門，即便敵軍攻破了甕城城門，仍舊無法攻入城內。甕城通常都會修造得比較狹窄，使得突入甕城的敵軍難以展開，大型攻城器械也難以運送進甕城，守城士卒便可以借助地利優勢「甕中捉鱉」。

《清明易簡圖卷》現存於臺北「故宮博物院」，卷尾的山石上寫有「翰林畫史臣張擇端進呈」，因此一些學者據此認定這幅畫為張擇端所繪，但這種觀點卻值得商榷。

從繪畫風格看，《清明易簡圖卷》的畫風與目前已知的張擇端的其他作品，如《清明上河圖》、《金明池爭標圖》存在著較大差異；從歷史細節看，《清明易簡圖卷》中的人物服飾、建築形制、用具器具均不太符合北宋末年樣式；從地理位置看，《清明易簡圖卷》中的地理分布與北宋開封城也存在著較大差異。《清明易簡圖卷》所繪時間應在元代至明代之間，繪

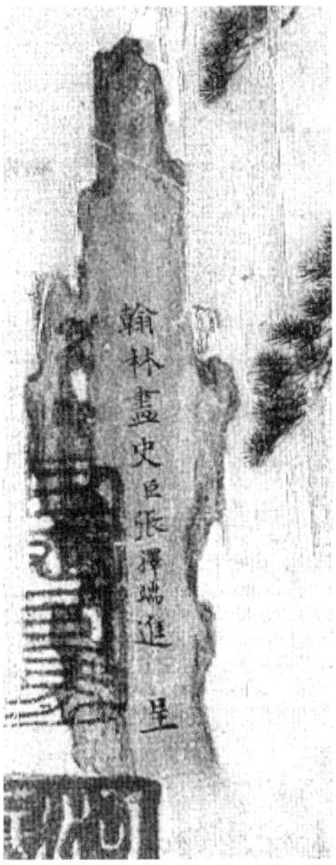

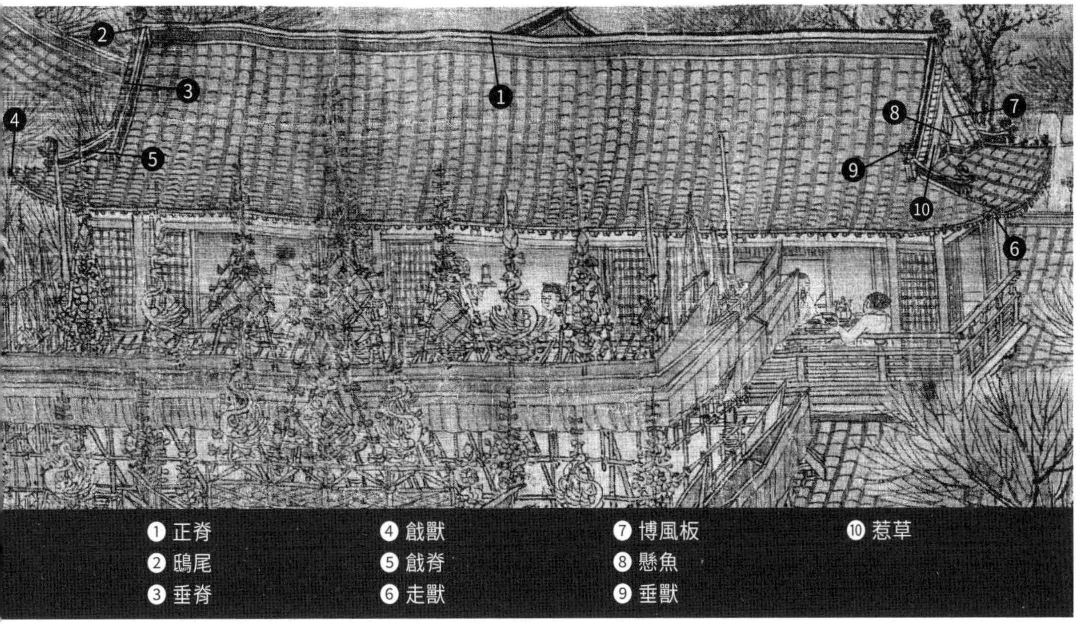

❶ 正脊
❷ 鴟尾
❸ 垂脊
❹ 戧獸
❺ 戧脊
❻ 走獸
❼ 博風板
❽ 懸魚
❾ 垂獸
❿ 惹草

歇山頂孫羊正店

畫風格與明代仇英所繪《清明上河圖》更為接近。

歇山頂在等級上僅次於廡殿頂，通常只有官署、寺廟、道觀、城門才能使用，由一條正脊、四條垂脊和四條戧脊共計九條屋脊構成。歇山頂上部正脊和兩條垂脊之間的三角形區域被稱為「山花」。

歇山頂也有單簷、重簷之分，故宮保和殿、天安門均為重簷歇山頂；七十二家正店之一的孫羊正店為單簷歇山頂，兩端有鴟吻，垂脊最下端有垂獸，戧脊上有戧獸。這兩種脊獸形制相對大一些，戧脊向外延展的最前端還有形制較小的走獸。山花上懸魚、惹草和博風板一應俱全，不過由於孫羊正

（宋代）佚名《高閣凌空圖》（局部）

（明代）仇英《清明上河圖》中的城門

店只是一座私人酒樓，並沒有出現鋪作的身影。

歇山頂、懸山頂上所用檁條會長過山牆，為了避免檁條頂端受風雨雷電的侵襲，同時也為了遮蓋屋頂與山牆之間的縫隙以防屋內漏雨，往往會加設一層防護板，稱為博風板。博風板上還時常會懸掛魚形物件，稱為懸魚。東漢南陽太守羊續的下屬給他送來了幾條魚，他本想推辭卻又實在推辭不過，於是便將魚掛了起來，其他人見了便不再給他送禮了，這就是懸魚的來歷。懸魚的兩側往往還會有刻著壽桃紋、如意紋等紋樣的物件，稱為惹草，對伸出山牆之外的檁條能起到一定的保護作用，還提升了屋頂側面的美觀程度，不過宋代以後卻很少使用了。

因繪畫視角的問題，孫羊正店側面的博風板、懸魚、惹草只是若隱若現，看得並不是很真切。《高閣凌空圖》所繪建築為重簷歇山頂，博風板、懸魚、惹草等建築構件一覽無遺。

在明代仇英所繪《清明上河圖》和清院本《清明上河圖》中，城門均為重簷歇山頂，與明清時期城門建築規制相吻合。城門外側均設有甕城，城牆正門與甕城城門相對，便於百姓進出城。但甕城樣式卻不太一致，前者為梯形，後者為方

清院本《清明上河圖》中的城門

形。在《清明易簡圖卷》中，城牆正門與甕城城門卻是斜對著，兩者之間存在著一定的斜角，這種設計主要是為了滿足軍事防守的需要。

張擇端（存疑）《清明易簡圖卷》中的四角牡丹亭

清院本《清明上河圖》（局部）

私人宅邸主要採用懸山頂或硬山頂，它們與廡殿頂一樣均有一根正脊和四根垂脊，所不同的是懸山頂與硬山頂側面呈人字形，僅僅在前後兩面形成坡形平面，並非是「四面坡」而是「兩面坡」。懸山頂與硬山頂的區別在於懸山頂屋脊上的檁條會長過山牆，需要加裝博風板對其進行防護，而硬山頂屋脊上的檁條卻藏於山牆之內。

除此之外，中國古代還有兩種特殊的屋頂。一種是攢尖頂，多用於亭台等景觀式建築，又細分為兩個類型：一類是角形攢尖頂，沒有正脊，只有垂脊，有四角的、六角的、八角的，通常為雙數角，單數角極其少見；另一類是圓形攢尖頂，沒有垂脊，頂子呈圓形。

另一種就是卷棚頂，最明顯的特徵是最上端正脊的位置是弧形的，並沒有真正的正脊。卷棚頂分為卷棚歇山頂、卷棚懸山頂、卷棚硬山頂，清代時最為盛行，以圓明園為代表的皇家園林中大量採用卷棚頂。

張擇端（存疑）《清明易簡圖卷》中的水門

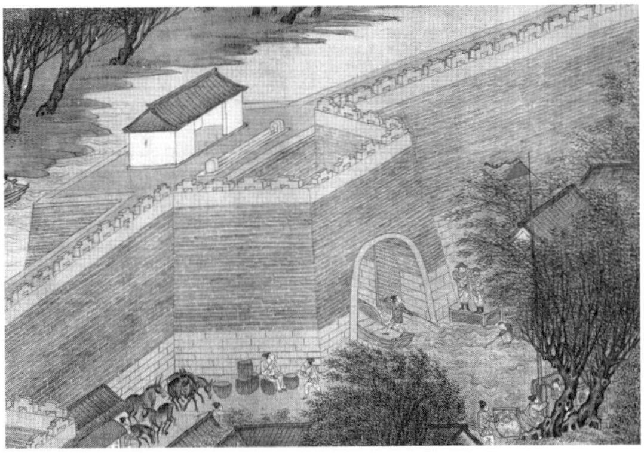

（明代）仇英《清明上河圖》中的水門

這究竟是哪座城門

《清明上河圖》所繪城門的匾額上只是隱隱露出一個「門」字，並未直接寫明究竟是開封城的哪座城門，不過它卻與汴河相距不遠，因此一些學者認為這座城門為東水門。

河流穿城而過的地方往往會設置水門，汴河流經之處便設立了東水門和西水門。水門上通常會設置鐵閘，船隻經過的時候便會開啟，無船通過的時候便會關閉。

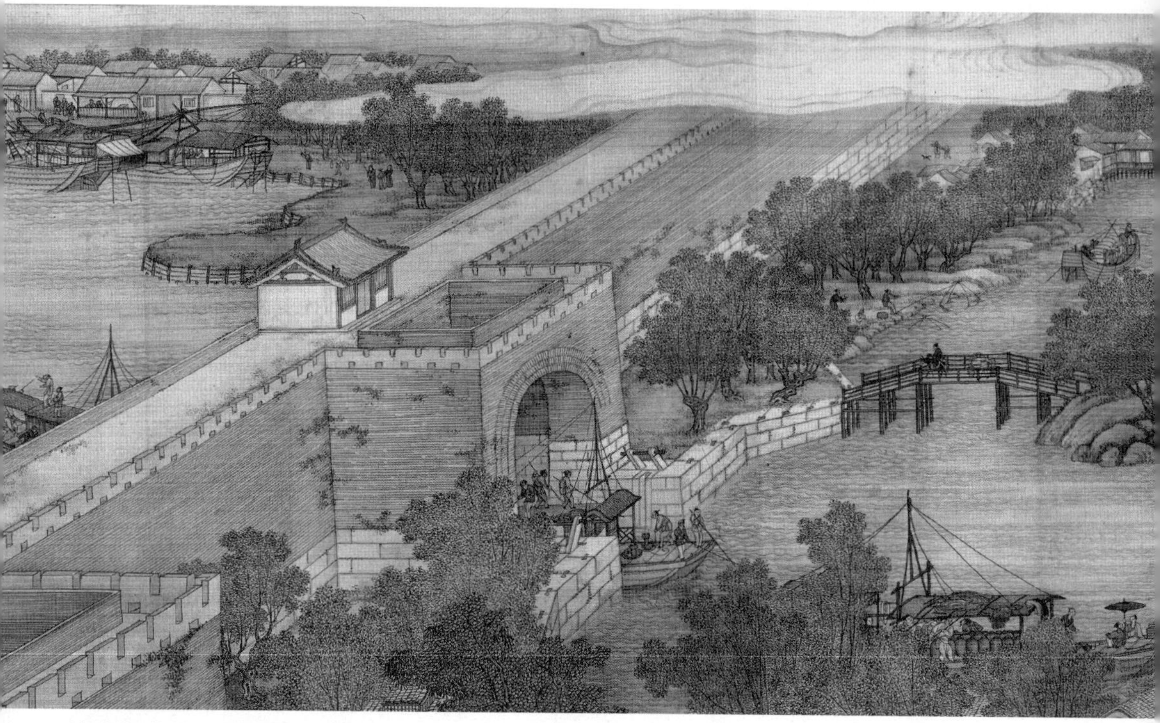

清院本《清明上河圖》中的水門

《清明上河圖》中所繪城門顯然是一座陸路城門而並非是水門。城外有繞城的護城河，吊橋落下之後橫跨在護城河兩岸，方便來來往往的行人進出城。

這座城門位於汴河南岸，且距離東水門應該並不遠，因此這座城門應為外城城門上善門。作為北宋都城外城城門，上善門承擔著防禦外敵入侵的重要職能，怎會不設甕城呢？

根據《東京夢華錄》的記載，開封外城城門通常都有三重甕城，而且甕城城門與正門並非正對著而是斜對著，類似於《清明易簡圖卷》中所繪城門。雖然

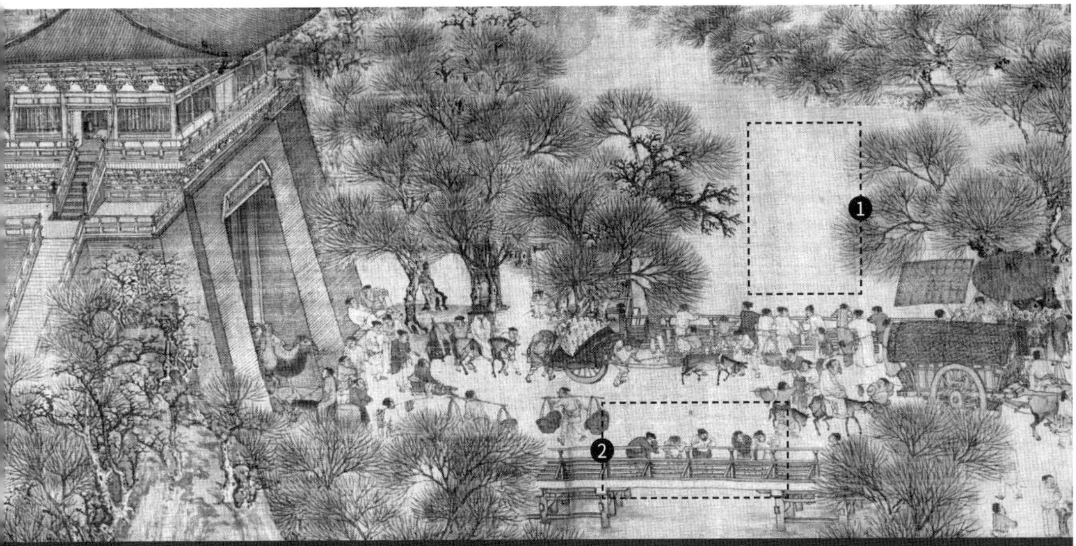

❶ 護城河　❷ 吊橋

這種設計會提升防禦性能，但人們進出城時卻要七拐八繞，很不方便。而外城四座正門南薰門、新鄭門、新宋門、封丘門因地理位置重要，進出城的壓力比較大，故只設有兩道門且甕城城門正對著城牆正門，[1]極大地方便了人們進出城。然而，《清明上河圖》中所繪城門為何並無甕城呢？

這或許有兩種可能：一種可能是《清明上河圖》繪製時甕城還沒有建成，不過這種可能性比較小；另外一種可能是《清明上河圖》的作者張擇端有意為之，有的學者認為他其實是想借此說明北宋防守空虛，一旦遭遇外敵入侵，後果恐怕會不堪設想。就在《清明上河圖》完稿短短數年之後，靖康元年

1　（宋代）孟元老《東京夢華錄．東都外城》。

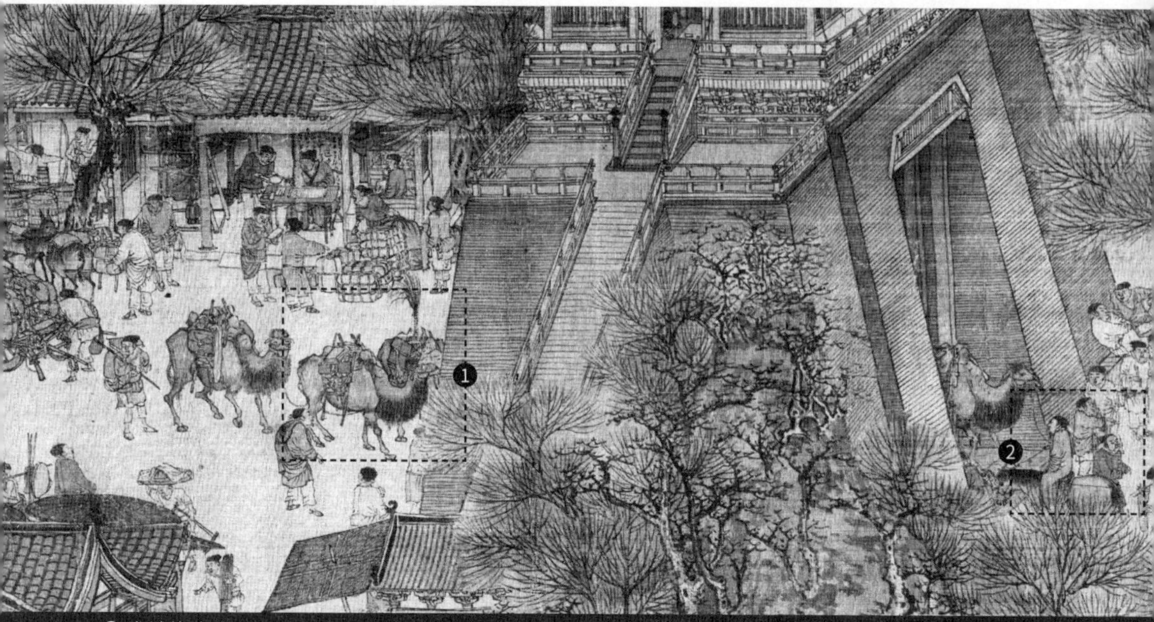

❶ 出城的駝隊 ❷ 牽駱駝的胡人

❶ 牽駱駝的胡人

（西元一一二六年）冬，彪悍驍勇的金軍策馬疾馳而來，將開封城圍了個水泄不通，曾經繁華一時的開封頓時變成了一座人間地獄，北宋王朝就此轟然倒塌！

但筆者卻覺得這不過是後人附會罷了。張擇端是宮廷畫師，作畫的目的就是取悅皇帝，因此他很可能是想要借此說明大宋在徽宗皇帝趙佶的治理之下歌舞昇平，四海安樂，根本無須設防！

穿城而過的胡人

在《清明上河圖》中，一支駝隊正從城門經過，駝隊的主人居然還是個胡人，他也是《清明上河圖》中唯一的胡人！

這個胡人左手抬到與肩同高的位置，用力牽著駱駝上的韁繩；右手指著前方的路，似乎在催促前面的人快快閃開。他的身後是一匹高大的駱駝，大半個身子已經從城門中顯現出來，背上還馱著貨物。

在城門另一側，有一匹駱駝的頭被城牆擋住，只有大半個身子露在外面。它的身後還跟著兩匹駱駝，身上也馱著貨物，看樣子走得有些緩慢，或許是身上馱載的貨物太過沉重。這支駝隊向著城外緩緩走去，他們究竟來自何方，又要去往哪裡呢？

唐代時，以粟特商人為主體的胡人商隊，牽著駱駝，騎著馬，坐著驢，載著名貴香料、珍貴藥材、金銀器具、玻璃器皿、珍禽異獸等稀缺商品，從中亞來到中原。唐長安城中的東、西兩市和洛陽城中的南、北兩市無不是胡商雲集，胡人也成為這兩座國際化大都市不可或缺的一部分。

不過到了宋代，由於回鶻的侵擾、西夏的侵襲和吐蕃的阻隔，中原與西域的往來遠沒有唐代那麼密切了，反而是透過海路來到大宋的高麗、東南亞、印度、大食（即阿拉伯）的客商漸漸多了起來，從陸路前來大宋的胡人數量已然是大不如前了。

駱駝在宋代也不再是胡人的專屬，宋人開始將其大量用於貨物運輸及軍事保障。在陝西、河東（今山西）等地時常會閃現駱駝的身影，曾在大宋遊歷的日本僧人成尋在《參天台五臺山記》中記述，他在河東的官道上每天能夠看到三四十匹駱駝。

開封城中還專門設立了駱駝飼養機構駝坊，委派三班使臣主管駝坊事務，麾下士卒六百八十二人[2]，據此推算飼養的駱駝肯定要數以千計。在御用車輿之中也出現了由駱駝來牽引的涼車，皇帝在巡視四方以及打獵時便會乘坐此車[3]。

正是因為駱駝的廣泛使用，在宋人的繪畫作品中，無論是邊陲重地，

（宋代）佚名《盤車圖》中的駱駝

還是中原腹地，我們總會見到駱駝的身影。

城門邊的稅務所

雖然城門處不設防，但貨物進城卻需要繳納商業稅。在《清明上河圖》中，緊鄰城門的這間小屋便是負責收稅的稅務所，當時被稱為「場務」。所有進城貨物都必須先到這裡來驗貨，商人交稅後才能被放行。

在這家稅務所門口，兩個貨主運來了一批貨物，一個稅吏正在清點一包包貨物，另一個稅吏在繳稅帳本上記著什麼。不過雙方似乎發生了什麼不愉快的事情，一個貨主似乎想要解釋些什

2 （清代）徐松《宋會要輯稿．方域三》。
3 （元代）脫脫等《宋史．輿服一》。

城門處的稅務所

麼，但清點貨物的那個稅吏卻不屑地將頭扭向一邊；另一個貨主情緒比較激動，指著自己的貨物似乎在大聲嚷嚷，但拿著繳稅帳本的那個稅吏卻始終不為所動，似乎在強行要求貨主足額繳納稅款。

不遠處，幾個剛剛繳完稅的貨主如釋重負，有的將貨物用驢子馱著，有的用車子載著，正準備離開這處稅務所。

稅務所為敞開式，並沒有門，屋內放著一張書桌，上面鋪著長卷紙，桌後有一把交椅，上面坐著一人，應該就是這個稅務所的稅官。一名稅吏躬著身子站在他的身旁，恭敬地傾聽著他的吩咐。

屋內還有一人站在三層亮格櫃前，正在整理檔。這個亮格櫃造型比較獨特，上面為架格結構，四周用欄板圍合，每層均用隔板分開，放著卷宗文案；下面雖看不到，但很可能是對開門結構，私密性好，能夠儲存一些重要涉稅文書。

稅官身後有一個類似書法屏風的東西，有的學者認為這是一塊粉壁，稅吏將最新的稅收政策寫在粉壁上，以便那些進城的商販們能夠及時瞭解到國家稅收政策的變化，但仔細觀察後便會發現那應該是個簾子，奇怪的是簾子上居然有字。

我們將稅官身後的簾子與寫有書法作品的苫布進行比對，便會驚奇地發現兩者的字跡居然極其相似，似乎是同一人所寫，筆跡與北宋大書法家米芾的字很像。

無論是苫布還是簾子上的書法，恐怕都不會是真跡而是印刷品，迎合了宋人附庸風雅的喜好，也從側面反映出當時印染行業的發達！

（北宋）米芾《虹縣詩卷帖》

北宋時期商稅變化情況 [4] **（單位：貫）**

項目	至道末年（西元 977 年前後）	天禧末年（西元 1021 年前後）	熙寧、元豐年間（西元 1068——1085 年）
商稅	4,000,000	12,040,000	8,046,646
非農業稅稅收收入	12,380,400	29,630,530	49,112,365
在非農業稅稅收收入中的比重	32.31%	40.63%	16.38%
全部稅收收入	35,591,730	57,254,570	70,739,350
在全部稅收收入中的比重	11.24%	21.03%	11.38%

宋代之前，朝廷對商稅的徵收並沒有給予太多關注，因為農業稅在稅收總收入中占據著絕對的統治地位。但宋代商業的繁榮程度卻遠超唐代，朝廷也開始意識到商稅的重要性，中國歷史上首部商稅法律《商稅則例》隨即公布。

天禧末年（西元一〇二一年），商稅在稅收總收入中的比重一度達到了五分之一，不過神宗皇帝趙頊推出了一系列改革措施，使得商稅無論是總額，還是在稅收中的比重都有了大幅下降，這也極大地促進了商品流通。

有些學者認為商稅在宋代首次超過了農業稅，其實這個說法值得商榷。之所以會得出這個結論，是因為宋代農業稅很是繁雜，有的繳納錢，有的繳納實物。實物之中，有按石計算的米，有按匹計算的布帛，有按兩計算的絲和棉，有按斤計算的茶和鹽，有按束計算的草薪，有按斤計算的黃銅，這些實物都需要按照當時的價格折算為錢。天禧末年，各項農業稅收入折算為現錢後達兩千七百六十二萬四千零四十貫，而同期商稅為一千兩百零四萬貫，僅僅相當於同期農業稅的43.59%。

商稅的徵收對象比較廣泛，主要包括三大類。第一類是百姓日常所需的衣服、食品等消費品；第二類是田地、店鋪、住宅等不動產；第三類是馬、牛、驢、騾、駱駝等用作交通工具的牲畜[5]。

宋代商稅主要分為過稅和住稅，過稅屬於商品流通稅，是轉運貨物的商人在運輸貨物沿途繳納的稅款，稅率為2%；住稅屬於買賣交易稅，是開設店鋪的坐商或來到該地區經營的行商對外銷售貨物時繳納的稅款，稅率為3%。農業稅（當時稱為二稅）的稅率為10%，商稅看似遠低於農業稅，但過稅卻是經過一處稅卡便需要繳納一次稅款，對於遠途商販而言，沿途繳納的商稅可是一筆不小的支出。

從最繁華的「四京」，到各府州，再到各縣，乃至市鎮，均會設立徵收商稅的稅務機構「場務」。北宋熙寧十年（西元一〇七七年），朝廷共計設立場務兩千零六十個。為了

4 資料來源：賈大泉《宋代賦稅結構初探》，《社會科學研究》，一九八一年第三期。

5 （宋末元初）馬端臨《文獻通考・征榷考一・征商關市》。

完成稅收任務，這些場務往往還會招募有關人員在交通要道攔截過往商販，這些人被稱為「攔頭」。大一點兒的稅務機構麾下會有一兩百個攔頭。

在宋代前期，商稅的征管由三司下轄的鹽鐵司負責，元豐改制後三司被撤銷，商稅征管主要改由戶部下轄的金部司負責，但「四京」（即開封府、河南府（今河南洛陽）、大名府（今河北大名）、應天府（今河南商丘））的都商稅院卻由太府寺管轄。地方官員對轄區內稅務機構的工作只有監督權，卻沒有人事任免權，也就是說，開封府的一把手無權任免開封府都商稅院的長官。

北宋前期，稅務官員均由三司來任免，不過中央和地方有關官員卻擁有舉薦權；元豐改制後，歸戶部管轄的稅務機構的官員，由尚書省下轄的吏部來選派；太府寺管轄的都商稅院的官員，卻由中書省來選派[6]。

不過宋代稅務官員的政治地位卻並不高，壓力大，地位低，升遷慢。大文豪蘇轍的好友張唐英出任閬州（今四川閬中）監稅官，他本就是四川人，如今又到家鄉附近為官，原本是件可喜可賀之事，可好友蘇轍卻用滿是惋惜的筆觸寫了一首《送張唐英監閬州稅》：

閬中雖近蜀，監稅本閑官。
豈足淹賢俊，聊應長羽翰。
讀書心健否，答策意何闌。
未可厭畋獵，田中有走貆。

6 （清代）徐松《宋會要輯搞·官職三》。

第二節　虹橋：開封城之外的蛋黃區

彩虹之橋

虹橋是一座單跨木結構拱橋，宛若一道長虹橫跨汴河兩岸。橋身塗著淡紅色的油漆，既能防雨防腐，又顯得輕盈靈動。橋頭兩端砌有石台岸，還立有高聳的表木，表木頂端還有一隻栩栩如生的木質白鶴，靈動的戲水獸面板點綴在橋的正面，襯得虹橋更是搖曳生姿。

根據橋上行人身高進行估算，橋面寬度應該在八米左右，水平跨度在二十米左右，水中並無橋墩，往來船隻可以放心大膽地駛過，避免了船橋相撞的悲劇的發生。

虹橋不僅是凌空架在汴河之上連通南北的交通要道，而且漸漸成為開封城外重要的商業中心，終日熙熙攘攘，熱鬧非凡，有絡繹不絕的行人、摩肩接踵的小販、馱人的驢馬，還有載物的車子。

虹橋承受著巨大的壓力，南北半橋的負荷還不均衡：

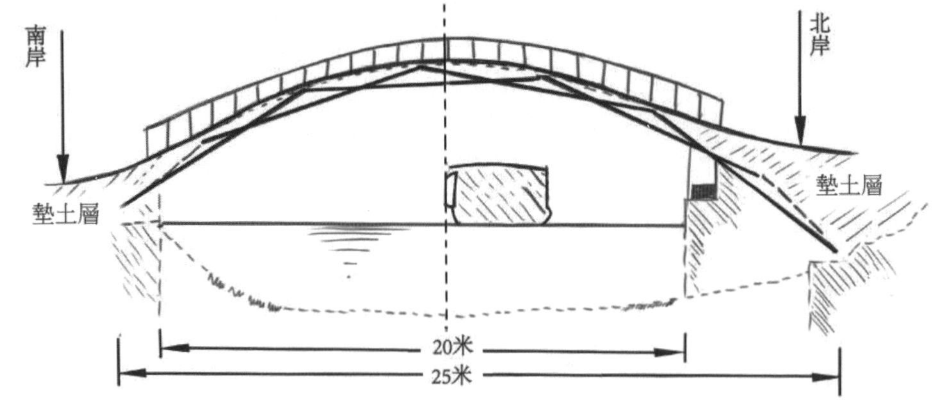

虹橋簡圖

南側地處鬧市，擺攤設點的攤販多匯聚於此，因此南半橋明顯比北半橋要繁華許多，行人攤販也更為密集。

虹橋是由拱骨等構件精密地拼接在一起而建成的，若是所受拉拽或強壓的力超過了承受極限，勢必會扭曲變形進而傾覆倒塌。虹橋的修造者們雖並不懂得高深的力學原理和複雜的力學計算，卻有著極為豐富的修造橋樑的實踐經驗，無論是橋樑的跨度、拱骨的長度，還是橋基的設計、材料的搭配，都經過了縝密的設計和科學的驗證，使得虹橋可以安然無恙地矗立在汴河兩岸，也給周邊區域帶來了欣欣向榮的繁華氣象。

虹橋南北兩端用培土墊層，也就是在橋與路的連接處甚至整個橋面都堆上一層厚薄不一的灰土，有效地降低了路面與橋面間的落差，使得橋與路渾然一體，既降低了虹橋的坡度，也便利了行人車馬的來往，還能有效防止雨水對虹橋的侵蝕、來往的行人車馬對虹橋的磨耗，有效地延長了橋樑的使用壽命。

透過《清明上河圖》，我們可以看到虹橋橫向約有二十道拱骨，均為上下兩端經過切割塑形的大圓木，錯落有致地拼接在一起；縱向看似只有五節拱骨，其實還有一節若隱若現的拱骨，只不過末節拱骨的主幹部分在培土墊拱時被黃土埋置於橋端下面的基座內，只露出了一小部分。

❹ 第四節拱骨　❺ 第五節拱骨　❻ 第六節拱骨

❶ 第一節拱骨 ❷ 第二節拱骨 ❸ 第三節拱骨

虹橋雖有六節拱骨，但整座橋的拱頂卻並不在拱的最中央。從南面數第三節拱骨的腰部位置裝飾有精美的吸水獸面，顯得樸實而又端莊，拱頂便在此處或者稍稍偏北處。所以，虹橋南北兩端並非坐落在同一高度上，而是一個與跨徑中央豎直平面並不對稱的坡拱。

除此之外，虹橋還有一個特別之處：北面橋下修有一條人行通道與岸上通道相連，南面橋下雖也能通行，卻並未修建類似的人行通道。這種非對稱的布局是緊密結合兩岸地勢做出的科學規劃。

汴河是一條人工開鑿的河流，在河水的沖刷之下兩岸其實並不等高。那些行駛在汴河之上的船隻順水而下離開開封時通常會沿著汴河南側行駛，逆流而上向城內行駛時通常會沿著汴河北側行駛，由於很難借助風力行駛，主要依靠縴夫們的牽引，所以才會特地修建一條寬敞的人行通道。

在修造虹橋之初，人們便在橋樑穩固性上費了一番腦筋。橋樑的主體部分是將整根木材科學地疊加橫插在一起，形成的一個穩固而又緊密的有機整體，不僅加大了橋面寬

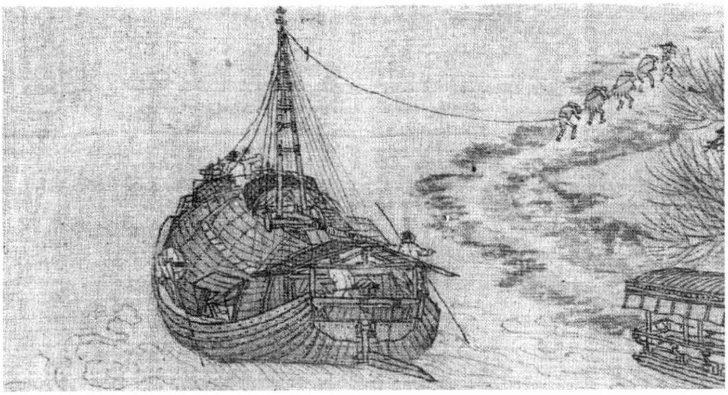

依靠縴夫拉織前行的船隻

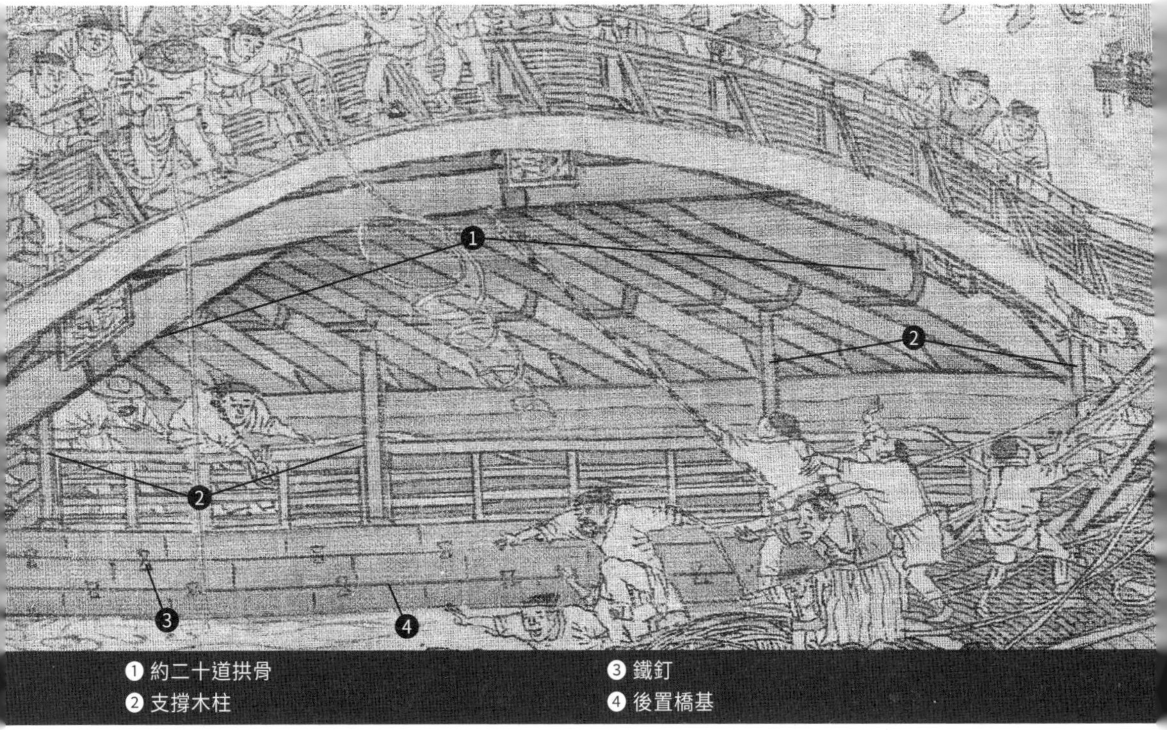

虹橋結構圖

度，最大限度地滿足了橋上通行要求，同時也保證橋身有足夠的跨度飛架在汴河兩岸。

夏季時汴河水勢會很大，湍急的河水將會給虹橋帶來極大的衝擊，因此虹橋的橋基用條形石塊精心砌築而成，同時還用鐵釘將石塊連接在一起，極大地增強了橋基的穩定性，能夠很好地應對湍急水流的衝擊。北側橋下的石質橋基之上還立有四根粗壯的木柱，作為虹橋巍然屹立的堅強支撐！

在《清明上河圖》中，虹橋橋頭兩側立有四根高大的木杆，頂端各立有一隻木質仙鶴。一些學者認為這是觀測風向的風向標——仙鶴的頭會隨著風向轉動，過往船隻會透過風向標及時掌握風向進而調整行駛速度和方向。

風向杆很早便誕生了，最早的時候是將五兩雞毛掛在高杆上，透過雞毛飛舞的方向來觀測風向，因此又被稱為「五兩」。頂端裝有鳥形物件的風向杆被稱為「相風鳥」，常常會被豎立在軍營、宮中或船上，不過卻並不是透過鳥形物件的轉動方向，而是透過杆上所綁的鵝毛或是鳥嘴中所銜的幡（即長方形布條）來辨別風向。[7]

可是《清明上河圖》中那四根木杆上的木質仙鶴口中卻並沒有銜著幡，而木質仙鶴要比雞毛或幡笨重許多，對風

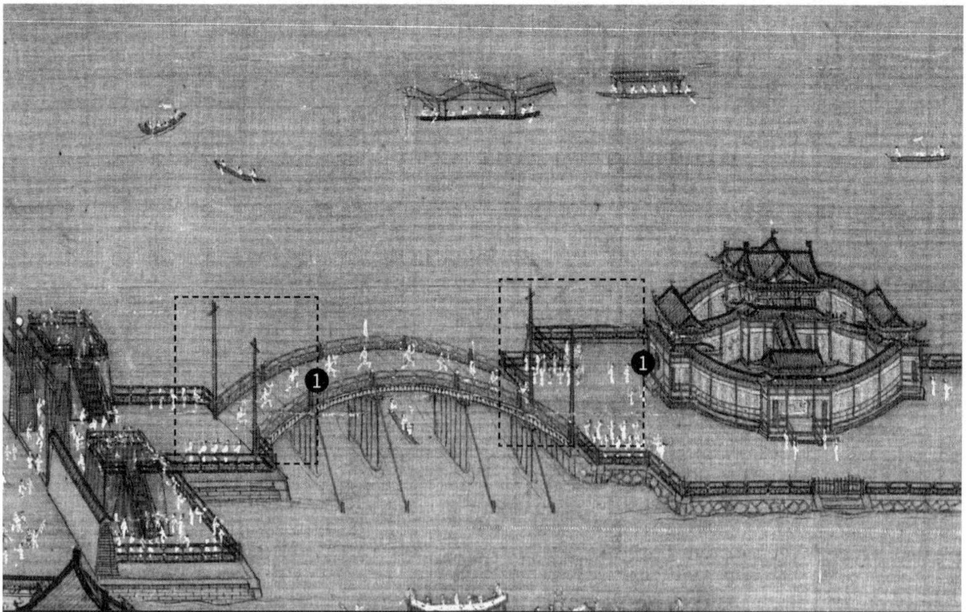

（北宋）張擇端《金明池爭標圖》（局部）

向的感知自然也就不會那麼靈敏。若是在船上安置相風鳥，船工還可以及時觀測風向，隨時調整船帆以改變航向；但若是相風鳥聳立在虹橋橋頭，當船隻距離虹橋比較遠時，船工就很難看清木質仙鶴具體所指的方位，就算看清了，船已然距離虹橋很近了，此時再調整航向恐怕已然來不及了。

《清明上河圖》的作者張擇端還有另外一幅傳世名畫《金明池爭標圖》。畫中，駱駝虹橋橫跨在金明池上，橋兩側也矗立著四根高木杆。只可惜因年代過於久遠，駱駝虹橋的具體形制已然看不太清楚，好在《龍舟奪標圖》對此有著很是清晰的描繪。

雖然《龍舟奪標圖》為元人所繪，但描繪的卻是開封城中金明池爭標的情景，殿閣巍峨，龍舟爭渡，旌旗獵獵，櫓槳奮動，場面熱烈，扣人心弦。橋邊的四根高木杆

7　（明代）顧起元《說略》。

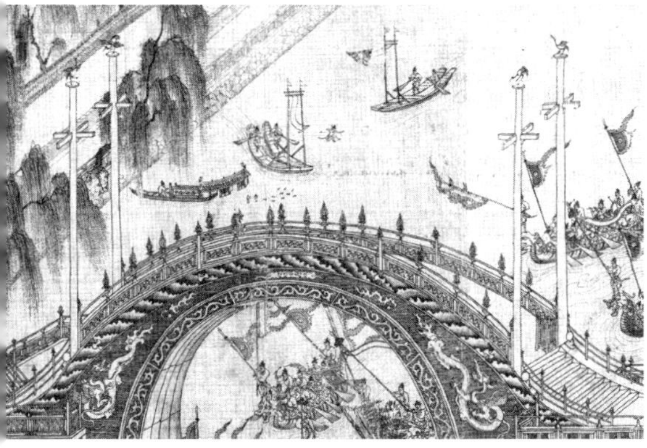
（元代）佚名《龍舟奪標圖》（局部）

（元代）佚名《龍舟奪標圖》（局部）

上方，每個方向各有一塊指示牌，頂端為仙鶴造型且形態各具特色，與虹橋邊的四根高木杆的造型應該比較相似。

金明池是北宋皇家園林，只在三月一日至四月八日這短短的一個多月裡才會對普通遊人開放，屆時將會舉行龍舟爭標等群眾性娛樂活動。[8]在一年之中的絕大部分時間裡，金明池並不會對外開放，又有什麼必要在橋邊安裝風向標呢？

既然如此，虹橋邊所立的木杆又是幹什麼用的呢？有的學者給出了答案，這便是歷史文獻中多次提到的「表木」。它起著道路「紅線」的作用，防止「侵街」現象的發生。

《清明上河圖》中虹橋邊的表木

唐代以前，大城市普遍實行坊市制度，商店遍布的市與百姓居住的坊是嚴格分開的，每個坊都會設有坊門，清晨時分開啟，傍晚時分關閉，晚上實行宵禁。除非是高級官員，否則連府門都不得開向大街，街邊店鋪也幾乎見不到，沒有人敢隨便「侵街」。

五代後周顯德三年（西元九五六年），世宗皇帝柴榮下詔允許在開封城內的一些街道上種樹掘井，修蓋涼棚。[9]正是這個小小的政策鬆動，使得「侵街」如同野火般漸呈燎原之勢。北宋定都開封以後，經濟愈加繁榮，人口日益增加，「侵街」現象也變得愈演愈烈。常見的「侵街」方式主要有以下三種：

第一種是在官府核定的範圍之外修建私人房屋，達到多占官地的不法目的。

第二種是在大街兩側亂搭亂設涼棚等簡易建築或者私自擺攤設點。

第三種是在嚴禁隨意占用的繁華地段（如橋頭、十字路

8 （宋代）孟元老《東京夢華錄・駕回儀衛》。

9 （北宋）王欽若等《冊府元龜》。

大肆「侵街」的飯館店鋪

虹橋上占道經營的商販

急於從擁擠不堪的虹橋上經過的公差

口）占道經營，影響正常交通。

正是在「侵街」的侵襲之下，傳統而又守舊的坊市制度才徹底走向土崩瓦解。從此之後，商鋪、小攤遍布城內的大街小巷，商品經濟展現出前所未有的生機與活力，也給城市管理帶來了巨大挑戰，以至於到了不得不徹底整治的地步。

北宋咸平五年（西元一〇〇二年），真宗皇帝趙恆命閣門祗候謝德權拓寬京城街巷，結果卻招致朝野上下的非議和抵制。真宗

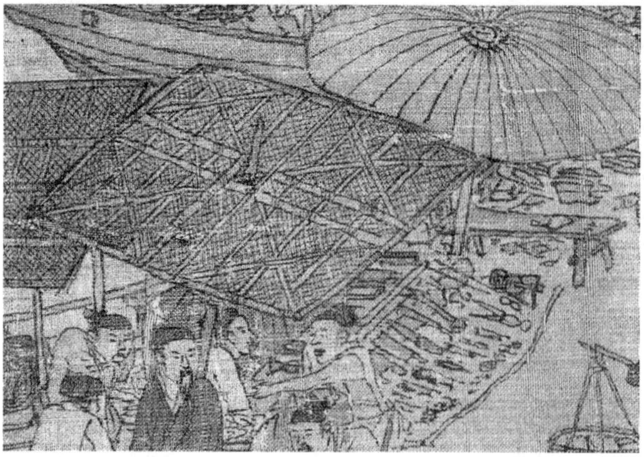

虹橋上的五金攤

皇帝見反對的聲音如此激烈，只得命謝德權暫停，但謝德權卻生來就是倔強性子，言辭激烈地稟告皇帝，那些人之所以會反對，是因為他們擔心自己名下的房子會被拆除，這才為了個人利益而阻撓國家大計。真宗皇帝聽罷痛下決心，下令拆除了權貴們透過「侵街」私自修建的府邸，還每隔一段距離便豎立表木，借此來劃定嚴禁隨意跨越的「紅線」[10]。

虹橋邊的饅頭鋪

真宗皇帝出重拳整治「侵街」的不良風氣，雖然在短期內取得了一定的成效，但很快便出現了反彈，以至於漸漸變得難以控制。徽宗皇帝趙佶眼見無力回天，只得開始徵收「侵街房廊錢」[11]，無異於變相地承認了「侵街」的合法性，因此在《清明上河圖》中，「侵街」的現象比比皆是。

在利益驅使之下，一些膽大妄為的權貴不顧國家法令，不僅「侵街」，還大肆「侵河」。仁宗皇帝趙禎在位時期，很多得寵的大宦官都在惠民河畔修建府邸花園，以至於

10 （南宋）李燾《續資治通鑑長編·卷五十一·咸平五年二月戊辰》。
11 （宋末明初）馬端臨《文獻通考》。

阻塞了河道。恰逢開封發生水患，極具政治魄力的包拯趁機將那些權貴們建的府邸花園統統予以拆除。正是這次頂住巨大政治壓力的強拆，使得不畏權貴的包拯聲名遠播，以至於京師上下紛紛說：「關節不到，有閻羅包老。」[12]

虹橋地處商業繁華地帶，橋上攤販眾多，橋邊商鋪林立，「侵河」與「侵街」現象嚴重，甚至有時還會阻塞橋上的交通。為了防止「侵街」與「侵河」，官府在虹橋兩端豎立起四根表木，最上端還立

有一個十字架，分別指向東西南北四方，既是指引方向的路標，更是不能逾越的紅線，不過卻並未起到應有的效果！

一座滿是繁華的橋

虹橋不僅僅是一座溝通南北的橋樑，還是一個各色人等匯聚、各式攤販聚集的大集市。

12 （元代）脫脫等《宋史・卷三百一十六・包拯傳》。

虹橋周邊區域內有十千腳店這樣氣勢恢宏的大酒樓，有各具特色的小酒家、小飯館，還有可以喝茶歇腳的茶肆，也有賣保健飲料的飲子鋪，可謂是應有盡有，熱鬧非凡。

在橋頭支上個涼棚便可以開張做生意，一個老闆娘正在棚下忙活著，賣的似乎是饅頭一類的小食品。

有的商販在地上鋪一層布便開張營業，這個賣五金工具的小攤便是如此。

虹橋上有兩個緊鄰的商販，一個用的是低矮的條桌，形制類似於今天的茶几；另一個用的是極具宋代風格的交足桌，桌面為圓形，邊緣處還有隆起的圍圈，以防桌上所放食物不慎掉落；桌腿採用交足樣式，能夠如馬紮那樣折疊交叉，支腳下端還安裝有橫向的足座，使得交足桌既輕便又穩固。

小小的虹橋為何會如此繁華呢？汴河堪稱北宋的經濟命脈，從東水門流入開封城內，因此在東水門內附近密佈著諸如元豐倉、順成倉、廣濟倉等重要倉庫，用來盛放漕糧和重要物資。汴河一年的漕運量在仁宗皇帝趙禎在位時達到了驚人的八百萬石，後來雖有所下降，卻也大致維持在六百萬石左右。這些漕糧在運抵開封城附近後要辦理卸船、登記、入庫等一系列手續。搬運漕糧可是個重體力活，需要大量人手，成千上萬的官吏、工人聚集在這一地區，既帶來了人氣，更帶來了商機。

很多漕船上的船工都會藉機走私貨物，官府對此往往是睜一眼閉一眼，即便曾幾度嚴厲打擊，卻也是難以根治。運輸任務繁重的時候，官府有時還會雇傭一些私人船隻來運輸漕糧，所支付的船費往往會低於市場價格，私人船主為了補差價常會私自攜帶一些貨物到開封城中進行售賣。臨倉和臨河的雙重優勢使得虹橋及其周邊區域漸漸興盛起來。

獨特的地理位置、巨大的商業需求、豐富的貨物供應使得虹橋成為開封城外名副其實的中央商務區！

第三節　大相國寺：不甘寂寞的寺院

皇帝常去的地方

在《水滸傳》中，原本在五臺山出家的魯智深因喝酒誤事而被師傅遣送到了開封大相國寺，負責管理寺內的菜園，還在那裡倒拔垂楊柳，使得時常來菜園偷菜的潑皮無賴們被深深震懾。魯智深還在大相國寺與禁軍教頭林沖意外邂逅，兩人因不堪壓迫相繼走上了反叛朝廷之路。

大相國寺可謂歷史悠久，據傳曾是戰國四公子之一信陵君的宅子。北齊天保六年（西元五五五年），文宣帝高洋在此地修建了建國寺，而它之所以會成為聞名遐邇的大相國寺，還得益於唐睿宗李旦。

對於李旦而言，西元七一二年是極具人生轉折意義的一年。這一年也極為罕見地三次改元，最初是景雲三年，正月十九日改元太極元年，五月又改元延和元年，八月他提前傳位給自己的兒子李隆基，再度改元為先天元年。

就在主動退位的前一個月，睿宗皇帝李旦不知為何居然夢到了建國寺，於是便從內庫之中撥專款進行修繕擴建，隨後又親筆書寫了「大相國寺」的寺名。他之所以會給這座寺院起這個名字，是因為他曾被封為相王。

大相國寺因皇帝而得名，也因皇帝的青睞而成為大宋第一寺。北宋的皇帝們對這座皇家寺廟都情有獨鍾，時常會巡幸這裡：太祖皇帝趙匡胤曾六次巡幸，太宗皇帝趙光義曾三次巡幸，真宗皇帝先後駕臨大相國寺多達十一次，此後仁宗皇帝趙禎五次駕臨，神宗皇帝趙頊六次駕臨，哲宗皇帝趙煦七次駕臨。皇帝巡幸大相國寺時其實就是隨便看一看、轉一轉，放鬆一下心情。

除此之外，皇帝還會來大相國寺主持或參加一系列活動，不過那卻大多屬於工作範疇，並沒有巡幸那麼輕鬆。

每當乾旱、洪水、瘟疫等災難來襲時，皇帝通常會到大相國寺中舉行祈福活動，祈求神靈保佑國泰民安。與此同時，皇帝往往還會採取撤樂（減少樂工數量）、吃齋（不吃葷食）、罪己（寫檢討）等措施，想要透過克制自己的欲望來換取上天的眷顧。

若是遇到高興的事情，比如郊祀順利舉行、明堂禮畢、成功擊退敵軍，皇帝也會前往大相國寺舉行恭謝儀式，既是為了感謝上天的眷顧，也是希望繼續得到上天的眷顧。

宋代皇帝沿用了前代做法，將自己的生日設為普天同慶的盛大節日，稱為「聖節」。皇帝過生日時也會時常來大相國寺設宴，舉行誕辰賀歲儀式[13]，其實就是大型生日派對。

13（元代）脫脫等《宋史・禮十五》。

不過一旦新皇帝登基後將自己的生日定為聖節，前任的聖節便會自然取消。

為了拉近彼此的關係，皇帝還時常將重臣們召來賜宴，有時在皇宮裡，有時便選在大相國寺。吃飯時還時常會有技藝精湛的藝人們進行表演，邊吃、邊喝、邊看，很是暢快！

老皇帝去世後，繼位的新皇帝通常會在老皇帝的忌日前往大相國寺舉行國忌行香儀式[14]。一些立下赫赫功勳的重臣，如宰相梁適等人去世後，皇帝或者太后也會詔令大相國寺舉辦相關的追思活動[15]。

大相國寺還時常會承擔國務接待任務，遼國、金國、西域諸國的使臣來到開封後也會來這裡燒香許願，中天竺國（今印度）曼殊室利出於對佛教的尊崇和對大相國寺的熱愛一住便是數年之久，直到「七年之癢」時才選擇離開[16]。

萬人匯聚的大集市

大相國寺位於東京內城南部的繁華地區，又處於汴河北岸，坐擁交通便利，又修得氣勢恢宏，前來參觀旅遊的、燒香拜佛的、許願還願的，一年四季絡繹不絕。巨大的人流量自然帶來了無窮的商機，本屬清淨之地的寺廟也漸漸成為開封城中最熱鬧的集市。

大相國寺每月開放五次，分別是每月初一、十五，還有初八、十八和二十八，准許小商小販們來寺內擺攤設點。每每到了交易時，大相國寺內外熙熙攘攘，人聲鼎沸，數萬人雲集此地，被稱為「萬姓交易」，堪稱開封城中種類最齊全、人流最密集的商品交易市場。

寺院大門口放眼望去全是珍禽奇獸，很多生活在城市裡的人會投去好奇的目光，不知它們究竟屬於哪個物種，有些傻傻分不清。

第二進和第三進院落之中設有彩色帷幕，四周全都是擺地攤的，賣的全是生活

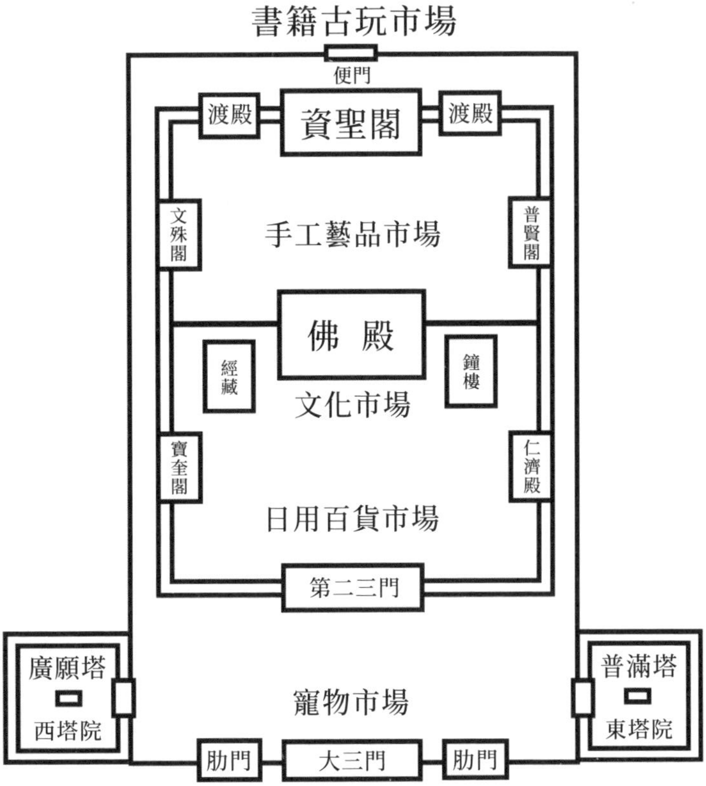

相國寺攤販分布圖

14　（清代）徐松《宋會要輯稿．禮二》。

15　（北宋）邵伯溫《邵氏聞見錄》。

16　（宋代）志磐《佛祖統紀》，上海涵芬樓影印本，一九三三年版，第兩百七十四頁。

用品，如草席、竹帳、洗漱用具、馬鞍、韁繩、弓、劍等，還有時令水果、乾果臘肉。許多官員在任期間會獲取很多極具地方特色的土特產，尤其是當地久負盛名的香藥，回京任職或者在京候任期間便會專門拿到大相國寺的集市上來進行售賣。院內各攤位都是隨機的，誰來得早便是誰的，不過靠近佛殿的地方卻有三處攤位是固定的，分別是孟家道冠王道人蜜煎、趙文秀筆和潘谷墨。孟家道院王道人蜜煎是一款頗受百姓喜愛的蜜餞，一個道人不好生研究道法，卻對甜品如此癡迷，不禁令人大跌眼鏡。趙文秀筆和潘谷墨受到書畫名家們的狂熱追捧，大文豪蘇軾便盛讚潘谷墨為「精妙軼倫，堪為世珍」。他在京為官時便是這裡的老主顧，更有趣的是，他流放海南時的行書手跡居然幾經輾轉，也擺在了大相國寺的書畫攤上。

院內兩廊下站著很多尼姑，有賣各式繡作的，有賣各種首飾的，頭上戴的帽冠襆頭、插的珠翠，領角上的領抹，臉上擦的化妝品可謂應有盡有。

資聖閣前多是賣書籍、古玩、圖畫的攤販，來這裡逛時不時便能遇到很難尋到的古籍善本。大文學家黃庭堅便有幸買到了宋祁撰寫的《新唐書》，回去認真揣摩修辭造句，使得自己的文學造詣有了突飛猛進的提升[17]。

北宋末年的金石學家趙明誠也頻頻光顧這裡，為愛妻李清照精心選購碑帖。不過當時他還只是個太學生，自然是囊中羞澀，只得將衣物典當之後再去買。日子雖過得辛苦，不過當他捧著鍾愛的碑帖與愛妻李清照一同研讀時，暢快之情溢於言表[18]。

古文大家穆修晚年曾刊印了數百部柳宗元文集，也拿到大相國寺去「練攤」，有幾個讀書人拿起文集翻閱起來。可來了主顧，他不僅不熱情地招呼，居然一把將書奪了過來，帶著挑釁的意味道：「你們讀完一篇而不讀破句，我便白送你一部！」清高的穆修最終一部也沒能賣出去[19]。

在這喧囂的集市之中，一些小偷時常會混跡其間。開封府的官差往往會換上便裝來這裡尋找贓物的下落，總能有所斬獲，因此這裡也被戲稱為「破贓所」。

除了小偷，還會有騙子夾雜其間。黃庭堅逛集市時便撞見一人正在賣大葫蘆種子，那人信誓旦旦地說，只要買了他的種子，來年便能結出碩大無比的葫蘆。為了讓眾人相信他的話，他還特地在攤前放了一個特大號的葫蘆。

在實物廣告和誘人話術的雙重誘惑之下，圍觀之人一時間競相購買，回家後興沖沖地種在土中，悉心呵護，精心施肥，及時澆水。可等到來年結出了葫蘆，他們才發覺自己上當了，不過卻悔之晚矣！

17 （宋代）朱弁《曲洧舊聞》。
18 （宋代）李清照《金石錄》後序。
19 （北宋）魏泰《東軒筆錄》。

清淨之地的荒唐事

大相國寺的住持通常由皇帝欽定，也算是個「中管幹部」，曾擔任住持的贊寧、宗本、道隆等人無不是名動一時的大禪師。大相國寺的住持不僅要學經悟道，還要管理龐大的寺產和眾多的僧人。

普通僧人的吃穿用度主要靠香客們的施捨，有時還要去四處化緣，還時常因爭奪地盤而大打出手。於是他們便劃定了各自的勢力範圍，白天在各自的地盤上化緣；同時，為了給那些大度的施主們一些回報，便選擇晚上報曉，也就是每隔一段時間播報一下時間。

不過大相國寺的僧人卻不用為吃穿用度而發愁。規模宏大的大相國寺在寺廟周邊與京城內外經營著大量旅店、商肆、當鋪，東郊還有不少寺莊，每年官府還會給他們數額不少的財政撥款，因此寺內僧人的日子過得還是頗為愜意的！

大相國寺內弟子眾多，既有在本院修行的，也有被派出去看管寺田、寺莊的。不過他們可並非全都是嚴守清規戒律之人，也會有「佛門敗類」！

大相國寺僧人惠明雖是個出家人，卻一心研究烹飪，還專門做葷菜。他所烹製出來的豬肉色香味俱佳，令人垂涎欲滴，欲罷不能，一時間名動京城，他所住的禪院也被人們戲稱為「燒豬院」。

文學名士楊億也是他眾多食客中的一員，常常帶著一幫子朋友跑到惠明那裡去一飽口福。那日，他酒足飯飽之後感慨道：「燒豬院聽上去太不雅觀，不如改為燒朱院吧。」經過此番改名，惠明的名氣更大了，食客也更多了[20]。

除了殺生之外，大相國寺下屬星辰院的僧人澄暉居然還娶妻，所娶之人居然還是個長相俊美的妓女。兩人偶然邂逅後便迅速墜入愛河，索性雙宿雙飛，過上了如膠似漆的快樂生活。

不過一個不速之客的到來卻打破了澄暉愜意的生活。此人是個潑皮無賴，聽聞他新近娶了個美嬌娘，便不懷好意地前來拜望，主動提出請他們兩口子美美地吃一頓大餐。澄暉自然知道這小子好色成性，此次前來定然沒安好心，於是便百般推諉。那人見難以得逞，便只得悻悻地離去，卻又實在咽不下這口惡氣，想著要好好羞辱羞辱澄暉這個不安分守己的和尚。

次日，澄暉出門時驚奇地發現院門上的匾額居然被人用紙給蒙上了，紙上還寫著六個大字：敕賜雙飛之寺[21]。面對如此公然羞辱，澄暉氣得差點沒背過氣去！

20 （宋代）張舜民《畫墁錄》。
21 （宋代）陶穀《清異錄・釋族・梵嫂》。

第四節　勾欄瓦子：娛樂一條龍

瓦子裡的布局

瓦子，也被稱為瓦市、瓦肆或瓦舍，興起於北宋中期，盛行於宋元兩代。之前的藝人都是撂地演出，也就是選個空地進行表演，憑藉一技之長將觀眾吸引過來，但收錢時觀眾卻往往是一哄而散。因此，藝人們只得用欄杆將表演場地臨時圍成一個圈，觀眾只能從有限的幾個口進出，有的是進去時買票，有的是離開時要交錢，防止觀眾們看完演出後趁機逃走。

北宋前期，隨著經濟的高度繁榮和文化的高度興盛，表演所帶來的收入也變得越來越可觀，於是有人出資對表演場所進行改造升級，先是在欄杆圍起的固定區域內搭建布棚或茅屋，後來開始建造更為堅固的瓦房，集歌舞表演、說唱百戲、商業貿易、社會服務於一體的綜合性娛樂城瓦子便應運而生了。

根據歷史文獻記載，開封城中的大型瓦子共有六座，分別為桑家瓦子、州西瓦子、州北瓦子、保康門瓦子、新門瓦子和朱家橋瓦子，此外還有中瓦、里瓦、州西梁門外瓦子、宋門外瓦子四座小型瓦子，多依附於附近的大型瓦子。上述十家瓦子多集中在御街、馬行街、潘樓街、右掖門外街巷、大內前州橋東街巷等繁華地帶和交通樞紐。

瓦子裡既有早場，又有夜場，常日裡舞臺耀眼奪目，節日裡花燈五彩繽紛，舞臺設計和樂器擺放既符合聲學原理，也可以滿足觀眾的觀賞需求，能夠使得上千觀眾同時欣賞到藝人們精湛的演出。

在明代仇英的《清明上河圖》中，在舞臺近前觀看表演的清一色全都是男子，女子們則被安排在木板後面的專用看棚內。

每個瓦子內均有幾座甚至十幾座勾欄，每座勾欄內又可分為幾個看棚，大的看棚甚至可以容納數千人。桑家瓦子連帶周圍兩家小瓦子中瓦、裡瓦共有勾欄五十餘座，其中中瓦的蓮花棚、牡丹棚，裡瓦的夜叉棚、象棚均可容納數千觀眾。

勾欄通常是矩形或方形的全封閉區域，不過也有個別是露天式劇場。戲臺高度通

（明代）仇英《清明上河圖》中的勾欄瓦子

常為三到四米，為三面敞開的伸出式戲臺，設有專門放鼓的牙床，戲臺後面還設有專為演員化妝更衣用的戲房。觀眾席環繞著戲臺，為便於後排觀眾觀看，還常常會設計為階梯形。正對舞臺的區域為貴賓席，稱為神樓；兩側是普通觀眾席，稱為腰棚。

為了迎合不同觀眾的需求，有的勾欄時常更換節目，更換藝人，甚至更換表演形式，但有的勾欄表演時間、表演形式甚至表演藝人都相對固定，如說書藝人小張四郎、樂舞藝人史惠英一輩子都只在一處勾欄內演出。

瓦子雖然多是私人經營，卻也要接受教坊的管理，就像如今劇場也要接受文化行政部門的管理一樣。徽宗皇帝趙佶在位時，張廷叟、孟子書便負責管理開封城內的各個瓦子[22]。

教坊相當於皇家藝術團，起初隸屬於宣徽院，元豐改制後轉隸行政機構太常寺，南宋初期兩度被裁撤，後來便未曾再恢復。

作為專業性劇場，瓦子實行買票入場制度，演出開始前，工作人員會在門口收費。演出開始後，也會有工作人員維持演出秩序，還會應對突發狀況，比如有一次發生了倒塌事故，正是在工作人員的緊急疏散之下，那些尚未受傷的觀眾才得以迅速疏散，否則傷亡會更加慘重[23]。

除了瓦子外，開封城中還會設有流動勾欄。每逢重要節日來臨，在街道兩旁或皇家園林內都會設置臨時舞臺，節日過後便會被拆除。這類演出的精彩程度絲毫不遜色於瓦子，很多久負盛名的宮廷藝人會登臺獻藝，不過卻因太過擁擠而在一定程度上影響了觀看效果。

雖然重要節日屈指算來也就那麼幾天，但是平日裡開封城中也散布著許多流動勾欄，表演形式簡單、表演時間較短，所需演員也不多，通常會選在人流聚集處，如巷坊口、城門口。對於絕大多數普通藝人而言，到瓦子裡演出的機會其實並不多，平日裡只能到流動勾欄去表演。

22 （宋代）孟元老《東京夢華錄·京瓦伎藝》。

23 （元代）陶宗儀《南村輟耕錄》。

清院本《清明上河圖》中在街頭賣藝的藝人

那些在城中難以立足的藝人只得轉戰城郊，甚至是農村，由於不是什麼名角，表演品質也不高，即便票價較為低廉，上座率通常也不是太好，因此需要時常更換演出地點。這些流浪藝人被稱為「路歧人」，他們在流動勾欄裡進行演出也被稱為「打野呵」。

宋代的特色樂器

《歌樂圖卷》全景展現了宋代的一支超豪華皇家樂團，共計描繪了十二位藝人，其中有九位女藝人，一位男藝人，還有兩位稚氣未脫的小藝人。

最左側是個中年男藝人，懷中抱著曲頸琵琶，琴身為梨形，共有四根弦。注意他是橫抱琵琶，而並非像現在那樣豎抱琵

琶。其實在唐代中期之前，琵琶全都是橫抱，通常並不會用手直接彈奏，而是用撥子來撥動琵琶弦。從唐代後期開始，隨著琵琶製造工藝的改進，藝人的演奏方式也開始有所改變，由橫抱變為豎抱，直接用手來撥動琵琶上的弦。直到明代，橫抱才徹底取代豎抱並且流傳至今。

宋代，橫抱琵琶的演奏方式仍舊很流

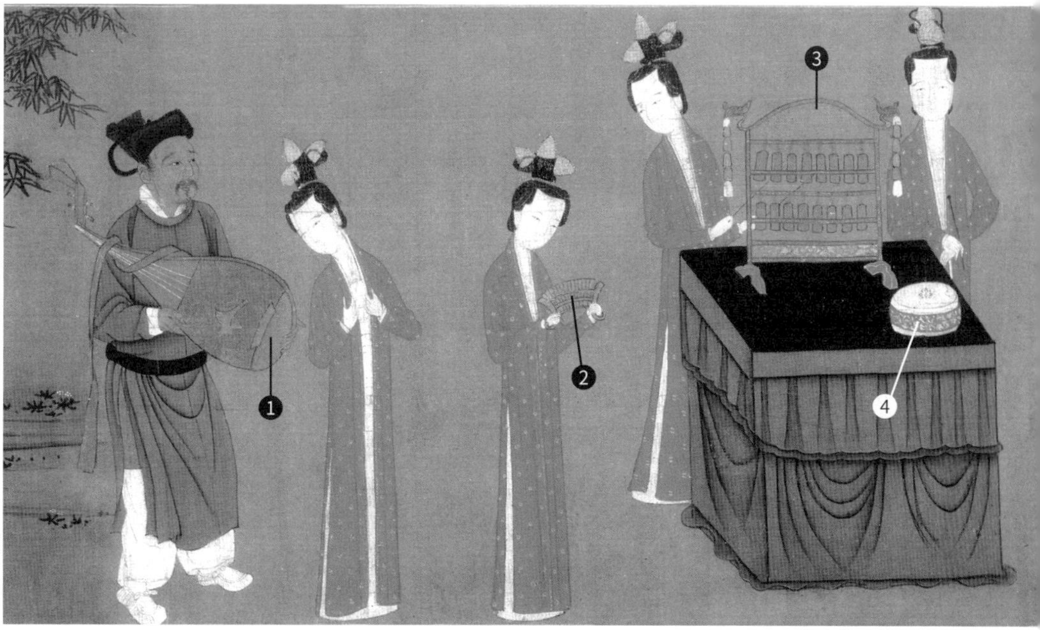

（宋代）佚名《歌樂圖卷》

行。這位男藝人懷中所抱琵琶上纏著一根青色綁帶，下部還罩著藍色套子，套子外側有一個小口，裡面插著一隻黃色的撥子，不過卻並未繪有具有擴音效果的月牙孔。

男藝人旁邊的那位女藝人什麼樂器也沒拿，應該是一位以演唱見長的歌手。她身穿大紅底帶黃色花紋的長褙子，顯得喜氣洋洋；髮髻也有些奇特，梳的是高髻，髮髻上插著三個白色的三角形發飾，好似頭上頂著三個粽子，其他女藝人也都是這副裝扮。

左側那位女藝人手中拿著排簫。排簫是世界上最早的編管樂器，將多支音管黏連捆綁在一起，音域很廣，既能演奏舒緩悠揚的樂曲，也能演奏輕快活潑的樂曲，吹奏方式與如今吹口琴差不多，吹奏出來的樂曲空靈而又飄逸。

她旁邊的那位女藝人雙手各拿著一根小槌，身前擺放著一張蒙著布的桌子，上面擺放著看似是編鐘的樂器，名叫「方響」。這架方響造型別致，做工精美，兩端是鳳頭含珠的造型。方響的歷史可以追溯到南朝梁，由十六枚大小相仿卻厚薄不一的長方形鐵片組成。這些鐵片分成兩排懸掛在架上，用小槌敲擊時會奏出美妙的樂曲。無論是宮廷教坊，還是勾欄瓦舍，觀眾們都能見到方響的身影，不過宋代之後卻漸漸消失了。

另外一個女藝人手中拿著一根鼓槌，面前的桌子上擺放著一個小鼓，她應該就是這支樂隊的鼓手。

中間那位女藝人的手中拿著一支橫笛，只有氣息得當，指法精湛，吐舌自如，才能吹出動人的樂曲。

旁邊兩人手中所拿樂器類似於水井上的轆轤，兩頭大中間小，至於究竟是哪種樂器，目前學界還存在一定的爭議，但肯定是一種打擊樂器，似乎是宋代樂器唐鼓。

俯身的那名女藝人的手腕上掛著類似快板的東西，名叫「拍板」，通常用檀木等名貴木料製作而成，分為大拍板和小拍板兩種：大拍板由九塊木板組成，小拍板由六塊木板組成，圖中的拍板屬於小拍板。皇家教坊藝人習慣於用小拍板，而民間藝人則習慣於用大拍板。

旁邊兩個年齡尚小的藝人頭上所戴直腳襆頭，平日裡只有官員才能戴，上插滿了鮮花，稱為「簪戴」。

右邊那位女藝人手中握著一個環形樂器，還有一根小棒，應該也應是一種打擊樂器，不過具體名稱如今已經難以考證了。

道地的語言類節目

瓦子之所以會有如此之大的魅力，根本原因在於節目形式豐富新穎，麾下藝人專業精湛，使人百看不厭，百聽不膩，欲罷不能。當時在瓦子裡上演的節目有上百種之多，主要分為語言類節目、歌舞類節目、戲曲曲藝類節目、雜技馬戲類節目和競技類節目五大類。語言類節目主要包括說書、說諢話等。

說書類似於如今的評書，通常是一個人在臺上進行表演，有時也會加入一些演唱或者是樂器伴奏。宋代說書藝術按照內容不同主要分為四種。

清院本《清明上河圖》中的勾欄瓦子

第一種是講史，講述王朝興廢更替的歷史，宋人最愛聽的是三國史和五代史。

第二種是說經，講述佛教題材的故事，宋人最愛聽的是《大唐三藏取經詩話》（也就是後來的《西遊記》）。

第三種是說參請，講述參禪悟道的感悟和體會，與第二類有點相似，不過更傾向於講述深層次的領悟，相對比較小眾。

第四種是小說，又被稱為「銀字兒」[24]，懸疑驚悚、公案推理、愛情故事、商業傳奇等題材在當時都比較受歡迎。

24 （南宋）吳自牧《夢粱錄》。

雖然說書並非首創於宋代，不過卻在宋代得到了更為廣泛的傳播，這主要得益於仁宗皇帝趙禎的推廣。他在位時正值太平盛世，為了解悶便時常命身邊人講些新奇故事給他聽。就因為他的這個愛好，說書這個行當才逐漸興盛起來。

諢話，又被稱為十七字詩或長短句，類似於如今的三句半或者脫口秀，表演時間通常都不會太長，最重要的特點就是詼諧幽默，透過諷刺挖苦令人捧腹不已，代表藝人是張山人，他因演出風格新穎脫俗而一時間譽滿京城[25]。

歌舞類節目有特色

歌舞類節目主要包括彈唱、吟叫、舞蹈等。彈唱是以唱為主，彈唱結合，既有個人獨唱，又有兩人對唱，還有多人合唱；既有自彈自唱，又有旁人伴奏，按照表演風格的不同又可細分為小唱、嘌唱、唱賺三種。

小唱是將詞曲配上音樂進行演唱，在彈唱之中屬於最為高雅的藝術形式，最知名的藝人便是李師師[26]。徽宗皇帝趙佶「人如其名」，喜歡召妓，最寵信的妓女便是李師師。此外的知名藝人還有徐婆惜，不知與《水滸傳》中被宋江所殺的閻婆惜有何關係；還有一位叫孫三四，不知道不三不四這個成語跟她究竟有沒有關係。

嘌唱將高雅的宮廷曲調與大眾的街市叫賣巧妙地融合在一起，通常還會用鼓、盞等樂器進行伴奏，比小唱更為道地，不過有些嘌唱藝人為了迎合觀眾需求也會唱一些葷段子。當時開封城中比較知名的嘌唱藝人有張七七、王京奴、左小四、安娘、毛團等人，都因曾為皇帝演出過而名冠京師[27]。

唱賺雖然在北宋時已經開始嶄露頭角，不過卻屬於說唱之中較為邊緣化的一種藝術形式，並未湧現出什麼知名的代表藝人，到了南宋時才開始大放異彩。唱賺通常需要不同的演員進行緊密配合：演唱者擊板，另有一人擊鼓，還有一人吹笛伴奏，儼然就是一支小型樂隊。

吟叫單從字面上看不免會讓人產生諸多遐想，但實際上就是叫賣，又被稱為「叫果子」。那些走街串巷賣果子的商販們為了能吸引來更多的主顧便賣力地高聲叫賣，但聲音大了涉嫌擾民，聲音小了街坊四鄰又聽不見，於是一些頭腦靈活的小販便對唱詞進行藝術加工，將一味地大喊大叫改為有節奏、有韻律地叫賣，這種新奇的叫賣自然引得更多的人出門來觀看，人多了錢自然也就賺得多了，同行見了自然紛紛效仿。吟叫最初在

25（宋代）孟元老《東京夢華錄·京瓦伎藝》。
26（宋代）孟元老《東京夢華錄·京瓦伎藝》。
27（宋代）孟元老《東京夢華錄·京瓦伎藝》。

賣紫蘇丸和賣果子的圈子裡悄然流行開來，其他行業的小商小販們也緊隨其後，創作出許多新的曲調和唱詞，使得越來越多的老百姓喜歡上了叫賣，甚至還願意掏錢買票來聽。原本用來招徠生意的叫賣也漸漸演變成吟叫這種風格獨特、令人回味的演唱形式。

舞蹈從古至今形式都相差無幾，有單人舞，有雙人舞，還有多人舞，只是舞的內容與今天有些差異。當時比較流行的舞蹈有撲旗子、舞蠻牌、抱羅、舞判、七聖刀等，不過由於受演出舞臺相對較小的限制，瓦子裡通常並不會表演大型集體舞蹈，這類舞蹈只有在宮廷舉行大型慶祝活動時才能看到。

戲曲曲藝類節目看點多

戲曲曲藝類節目主要包括諸宮調、雜劇、雜扮、皮影戲、傀儡戲等。諸宮調是在原宮調的基礎上由北宋藝人孔三傳經過藝術再加工而形成的新型藝術形式，在開封城內廣為流傳[28]，表演時有說有唱，以唱為主，由多個角色演繹完整的故事，並用鼓、笛、拍板等樂器進行伴奏。

雜劇的前身是唐代的參軍戲，到了宋代發展成為與今天的京劇等戲曲形式比較接近的表演形式。七夕之後，《目連經救母》便開始上演，將會連演十五天，但觀眾的興趣卻絲毫不會減少，觀眾人數反而越聚越多[29]，足見雜劇在當時的巨大魅力。由此一大批雜劇明星隨之湧現，丁都賽、楊 惜、薛子小、凹歛兒被稱為北宋雜劇「四大名角兒」。

《雜劇人物圖》中描繪的是宋代兩出最為知名的雜劇。先來看《眼藥酸》，左側那人戴高帽，身穿長袍，肋下掛一布囊，儒巾、長袍和高帽上都畫滿了眼睛，扮的是一個正在推銷藥品的郎中，在雜劇之中屬於副末。右側那人上身穿圓領長衫，將下擺繫在腰間，下身穿長褲。他用手指著自己的右眼，扮的是眼疾患者，在雜劇之中屬於副淨。兩人相遇之後，郎中指著那人說他的眼睛有病，但那個彪悍的患者卻勃然大怒，舉起手中木棒將那個不識時務的郎中狠狠地打了一頓。兩人戲謔的表演使得台下的觀眾們一個勁兒地拍手叫好。

宋雜劇人物雕磚（左起楊揔惜、丁都賽、薛子小、凹歛兒）

28 （南宋）王灼《碧雞漫志》。

29 （宋代）孟元老《東京夢華錄・中元節》。

再來看看另一出雜劇《打花鼓》。左側那個女藝人頭戴渾裹（藝人表演時專用的一種頭巾），手腕上戴著釧鐲，上身穿對襟旋襖，外面罩了一件大袖長衣，不過卻只穿了左袖，右邊的袖子繫在了腰間；下身穿著網狀襪褲，足穿彎頭鞋。

有的學者認為右側那個女藝人頭上戴的是花冠，但製作冠所用材質往往都比較硬，因此看上去會比較挺拔，可畫中這個藝人頭上戴的冠看著卻有些軟，應該是用布帛包髻

（宋代）佚名《雜劇人物圖》

後再插上嬌豔的花。她的手腕上也戴著釧鐲，上身穿褙子，腰間繫著腰袱（主要用來裝錢的包袱）；下身穿大口長褲，腳上穿尖頭弓鞋。

左側那個女藝人身後放有笠帽、木杆和繩索等物品，右側女藝人的腰間插著一把寫有「末色」二字的扇子，身後還有一面大鼓，上面放著鼓槌和拍板，可見宋代雜劇演出時已經廣泛使用道具了。

雜扮是雜劇正劇開演前的墊場節目，主要是幽默滑稽的小段，讓觀眾在開懷大笑中等待正劇上演。雜扮的表演者類似於如今的丑角，當時的雜扮名家有胡牛兒、達眼五、駱駝兒等人[30]，若是果真人如其名，估計一上臺，觀眾們便會產生笑的衝動！

皮影戲起源於漢武帝時期。用紙或者羊皮做成各種人物形象，透過光和布幕遮影成像，表演者躲在幕後進行操控，栩栩如生的皮影便會演繹出氣勢恢宏的歷史故事、跌宕起伏的人物傳奇。皮影戲最受小孩子們的喜愛，開封城中許多巷坊門口都會設有皮影戲棚子，引來眾多孩童前來觀看。

傀儡戲，其實就是木偶戲，起源於漢代前後。表演者先用木頭或其他材質製成人物、動物或者器具，再透過絲線來進行控制。根據木偶的特徵，宋代傀儡可細分為五種

30（宋代）孟元老《東京夢華錄．京瓦伎藝》。

類型。

第一種是懸絲傀儡，用吊線來進行操控，木偶的頭、身、腰、腿、手、腳、眼、嘴等各處關節都有吊線連接，普通木偶通常會有十幾根吊線，重要角色多達三十餘根吊線。為了便於操作，吊線通常會集中串在一個操縱板上。

在《骷髏幻戲圖》中，一個大骷髏正操控著一個小骷髏模樣的木偶。木偶藝人表演時也是如此，一手拿著操縱板提著木偶，另一隻手透過拉動吊線讓木偶擺出各種姿勢、做出各種動作。不過這種木偶的體型通常並不會太大，基本都會在五十至六十釐米。

（南宋）李嵩《骷髏幻戲圖》中的懸絲傀儡

第二種是杖頭傀儡，通常會用三根木杖來進行操控，一根較粗的木杖控制木偶的頭部，還有兩根直徑小一些的木杖分別操控木偶的左、右臂並支撐木偶身上所穿的衣服。與懸絲傀儡不同，杖頭傀儡並非是提著表演而是舉著表演，因此也被稱為「舉偶」。

在《傀童傀儡圖》中，一個小孩正手執木杖表演木偶戲，另一個小孩在旁邊敲鼓助興，還有一人正饒有興致地觀看。杖頭傀儡可大可小，《傀童傀儡圖》中的木偶體型比較小，但也有體型比較大的，最高的甚至會達到一米三左右，儼然就是真人大小。

第三種木偶是肉傀儡，直接用手來操控。史料中對這種木偶記載比較少，不過明代仇英的《清明上河圖》和疑似張擇端所做的《清明易簡圖卷》均對肉傀儡有所描繪。表演時通常會設置半圓或者圓形布幕，藝人藏在布幕後面並將手伸進木偶身體裡面，再從布幕

（北宋）蘇漢臣《侲童傀儡圖》（局部）

（明代）仇英《清明上河圖》中的肉傀儡

張擇端（存疑）《清明易簡圖卷》中的肉傀儡

頂端伸出，用手操控木偶來完成各種動作。這種木偶的體型往往都比較小，能做的動作也比較有限，往往透過精彩的故事情節或者精湛的說唱技藝來吸引人。

第四種木偶是藥發傀儡，透過火藥的力量來觸發木偶。《新刻繡像批評金瓶梅》第四十二回開頭的插圖所描繪的正是藥發傀儡表演時的場景。針對這種木偶的準備工作最為縝密而又煩瑣，短短幾分鐘的表演卻往往要準備半個多月甚至更長時間。無論是材料選擇，還是木偶製作；無論是

明末崇禎年間刊發《新刻繡像批評金瓶梅》

火藥配比，還是機關設置，都不能有絲毫馬虎，稍有差池便可能會鎩羽而歸。如今這種木偶雖然並未徹底絕跡，卻已然很少見到了！

第五種木偶是水傀儡，也就是在水上表演的木偶戲，通常用輕木雕成二尺多高的木偶形象，相當於現在的六十多釐米，再用五色油漆上色，看上去栩栩如生。不過它既沒有腿，也沒有腳，下面是平底的，還裝有榫卯，放置在三尺長的竹板之上。藝人坐在專用的水傀儡船上，操控水傀儡做出各種動作，與水池之中的魚、蝦、蟹、螺、蛙合力奉獻出一場精彩演出[31]。不過水傀儡的技藝如今已失傳了，好在《龍舟奪標圖》對水傀儡表演時的場景有所描繪。

31（明代）劉若愚《酌中志》。

雜技馬戲類節目很炫目

雜技馬戲類節目主要包括雜手藝、口技、馴獸等。雜手藝類似於今天的雜技或者小絕活，踢瓶、弄碗、踢磬、弄花鼓槌、踢墨筆、弄球子等節目就是用手或者用腳將碗、瓶、磬等器物耍出高難度、高水準，其中不少至今仍是雜技團的傳統保留專案。表演者需要有童子功、過人的天賦再加上日復一日的刻苦訓練，才能奉獻出令人驚豔的表演，不過諸如壁上睡、燒煙火、劇術射穿、變線兒、寫沙書[32]等項目，有的的確是絕技，有的卻是魔術！

口技就是維妙維肖地模仿出各種響動。有的藝人表演時直接面對各種觀眾，有的藝人卻躲在布幕後面，觀眾們聽到各種聲音從布幕之中傳出來，有一種身臨其境的感覺，等到布幕放下之後，卻驚奇地發現只有一人一扇。若是多名口技藝人同時表演，效果將更為震撼。

（元代）佚名《龍舟奪標圖》（局部）

清院本《清明上河圖》中表演高空走索的雜技藝人

每逢十月徽宗皇帝過生日時，宰相、執政、親王等一大幫人前往皇宮為皇帝賀壽。禮樂尚未奏響，集英殿山樓上教坊的宮廷樂人們便開始施展自己的口技功夫，那間「百鳥齊鳴」，頗有幾分百鳥朝鳳的感覺，在場之人全都被震撼到了。[33]

馴獸就是如今的馬戲節目，馴化各種動物來進行表演，比如開封城中的知名藝人劉百禽就善於馴化各種蟲

32 （南宋）耐得翁《都城紀勝》。

33 （宋代）孟元老《東京夢華錄・宰執親王宗室百官入內上壽》。

蟻[34]。這種形式如今已經很少見了，原因在於蟲蟻太小，表演時容納的觀眾比較少。大相國寺前有狗熊翻筋斗，狗熊體形很大，便於很多人同時觀看，加之比較容易馴化，至今仍是馬戲團中的主力。望春門外還有驢子跳舞[35]，只是不知舞姿如何！

競技類節目很刺激

競技類節目主要包括相撲、商謎等。提到相撲，很多人可能會誤以為是日本的原創運動，其實它卻起源於中國，最早叫「角抵」，也被稱為「蚩尤戲」，本是為了紀念曾與黃帝逐鹿中原的蚩尤而舉行的一種競技活動。從晉代開始，角抵又有了另外一

清院本《清明上河圖》中街頭表演摔跤的藝人

個名稱「相撲」。

相撲最初是士卒們在業餘時間純粹為了消遣而進行的一種競技活動，後來漸漸成為一項軍事技能，再後來從軍營傳到了社會上。由於相撲具有很強的觀賞性、競爭性和娛樂性，能夠滿足市民尋求刺激的心理，很快便成為勾欄瓦子中常見的演出活動。

相撲傳入日本後經過了改良，競技規則是將對手推出圈外便算贏。由於相撲場地通常都會比較局促，並沒有太多施展技巧的空間，力量就成為獲勝的關鍵，因此在如今的日本相撲比賽中參賽選手一個比一個胖。摔跤的規則是雙手以外的任何部位著地就算輸，比較重視戰術運用和技巧施展，講究虛虛實實，真真假假，自然更有看頭。後來在明清時期摔跤徹底取代了相撲，相撲這個詞也幾乎不再使用了，不過相撲與摔跤卻是同宗。

宋代最能聚攏人氣的表演便是女相撲比賽，選手們往往都會穿著比較簡單的衣服，給人一種很清涼的感覺。

某一年的元宵節期間，仁宗皇帝趙禎駕臨宣德門城樓，各式藝人聞訊後紛紛登臺獻藝，其中便有女相撲手奉獻的表演賽。仁宗皇帝看得很是盡興，但素來正直的司馬光見

34（宋代）孟元老《東京夢華錄・京瓦伎藝》。

35（北宋）歐陽修《歸田錄》。

到此情此景後卻大為光火，幾日後便寫了一篇《論上元令婦人相撲狀》，對皇帝的行為直接進行了抨擊。在如此莊重嚴肅的場合，後妃侍奉左右，百官侍立兩旁，皇帝卻饒有興趣地觀看衣著暴露、身材惹火的女相撲手們進行肉搏，讓人情何以堪！

商謎是互動性、參與性很強的有獎競猜節目，表演者出謎題，由觀眾們來競猜，答對者可以獲得相應的獎品，類似今天的有獎競猜活動。毛詳、霍伯丑是開封城中著名的商謎表演藝人[36]，謎題設計得十分巧妙，有的令人恍然大悟，有的令人捧腹不已，競猜期間還會穿插一些即興表演，常常是讓人流連忘返！

藝人的包裝與策畫

宋代，在瓦子裡演出的藝人既有專業瓦子藝人，也有教坊藝人，有時還會臨時雇用路岐人。

專業瓦子藝人屬於職業藝人，以在瓦子裡演出為生。《東京夢華錄》記錄了李師師等七十三位瓦子藝人，他們都是各自表演領域裡的佼佼者，技藝精湛，聲名鵲起。除了在瓦子裡演出外，他們還時常被官員富商們請到府上去演出，過著相對富庶的生活。

教坊始建於唐代，專門管理宮廷俗樂的教習和演出事宜。宋代之前，教坊藝人與民間藝人並沒有太多交集，彼此之間的交流也比較少，但到了宋代，教坊的職能卻逐漸弱化，宮廷藝人與民間藝人的界限也不似之前那麼涇渭分明了。

南宋時期，由於朝廷財政捉襟見肘，教坊曾兩度被裁撤，第二次被裁撤後便始終未曾恢復。那些手捧鐵飯碗的宮廷藝人們就此失了業，被迫轉戰瓦子裡去演出。在重大場合或重要節日時，相關的慶祝演出依舊要照常舉行，官府往往會臨時雇用有些名望的民間藝人來進行演出，其中也不乏自謀生路的昔日教坊藝人，通常他們會提前二十天進行彩排和訓練[37]。雖然臨時雇用演員也是一筆開銷，但相較於設置教坊，按月給那些教坊藝人發工資，仍舊節省了不少開支。

路岐人屬於社會最底層的勾欄藝人，平時很少能有機會到瓦子裡去演出，主要在流動勾欄裡演出，實際上就是轉戰於開封城內外的流浪藝人。他們頂風冒雪前去演出，還時常會受到觀眾的羞辱和奚落，但為了辛苦討生活，卻只得強忍住辛酸淚，硬生生咽進自己的肚子裡。

瓦子還會邀請路岐人來演出，有時是因節日期間演出場次增多，需要增加演員；有時是想讓老觀眾觀看一些新節目，順便從路岐人中挖掘一批有實力、有潛力的藝人，補充到專業瓦子藝人隊伍之中。

36 （宋代）孟元老《東京夢華錄．京瓦伎藝》。
37 （元代）脫脫等《宋史．樂十七》。

藝人要想紅需要懂得包裝自己，因此他們在給自己起藝名時往往煞費苦心。一些藝人會受封武功大夫、忠順郎、武德郎、承節郎等寄祿官[38]，相當於今天的職級，雖說只是榮譽性質的虛職，卻依然可以拿出來大肆炫耀一番；還有一些藝人曾參加過科舉考試並獲得過功名，卻由於某些原因而未能或者不願從政，後來改行當起了藝人，這些功名便可以用來提高自己的知名度，如許貢士、張解元、陳進士、陸進士等；還有一些藝人既無官職，也無功名，不過卻曾給皇上表演過，於是便拿出這段經歷來炫耀，在自己的藝名中特地加上了「御前」二字，如任辯御前、施珪御前、葉茂御前、方瑞御前等[39]。

除了包裝，藝人還需要懂得宣傳自己。開封城中有十座瓦子，同一座瓦子同一時間又有許多勾欄在演出，藝人之間的競爭可謂是異常慘烈。為了能夠最大限度地吸引觀眾，每座勾欄都會在宣傳上下足功夫，門口張貼著彩色招子，類似於如今的海報，上面寫著當日的表演內容、表演時間和表演者的名字，有時還會寫明可以表演的節目種類和劇碼，以供觀眾們進行挑選。海報不僅具有節目單的功能，往往還會對節目和表演者大肆吹噓一番。有的勾欄還會掛出帳額、靠背等表演時用的名貴道具，借此來顯示表演者的身價，以便能爭搶到更多的觀眾。

此外，藝人還需要懂得展現自己，而上臺後最初的幾分鐘至關重要：有的對自己的表演才華和既往經歷吹噓一番，有的故弄玄虛地透露部分演出內容，既起到了宣傳效果，又吊足了觀眾胃口。可以說，為了能有一個完美開場，藝人們可謂是挖空心思，絞盡腦汁。

38（宋末元初）周密《武林舊事．乾淳教坊樂部》。

39（宋末元初）周密《武林舊事．諸色伎藝人》。

第五節　名園：風光無限好

金明池爭標

金明池最初的開鑿目的是訓練水師。當時正值北宋立國之初，南方尚未平定。隨著南北重歸統一、政局日漸穩定，曾經的軍事重地金明池漸漸轉變為皇家園林，從太宗皇帝趙光義開始，北宋的皇帝們都喜歡乘坐龍舟航行在波光粼粼的金明池之上。

金明池緊鄰另一座皇家園林瓊林苑，這裡呈規則的長方形，四周有寬約數米的河岸，柳樹成蔭，最外邊是高聳的御苑圍牆。

在《金明池爭標圖》中，寶津樓、彩樓、駱駝虹橋、水心五殿、奧屋一字排開，彩樓南側還有臨水殿。皇帝常常會在寶津樓賜宴群臣，共賞爭標，與民同樂。樓下是順天門外大街，百姓可以在這裡駐足觀望，不過平時這裡有禁軍士兵把守，外人不得擅自入內，只有在特殊時段才會對百姓開放。

從神宗皇帝趙頊開始，金明池每年春季都會對外開放，屆時不僅會有百戲表演，還會有爭標活動。皇帝會率後宮嬪妃、諸王大臣與百姓們一同觀賞。徽宗皇帝趙佶在位時對金明池大加修繕，將開放日期正式確定為每年陰曆三月一日至四月八日。金明池東岸

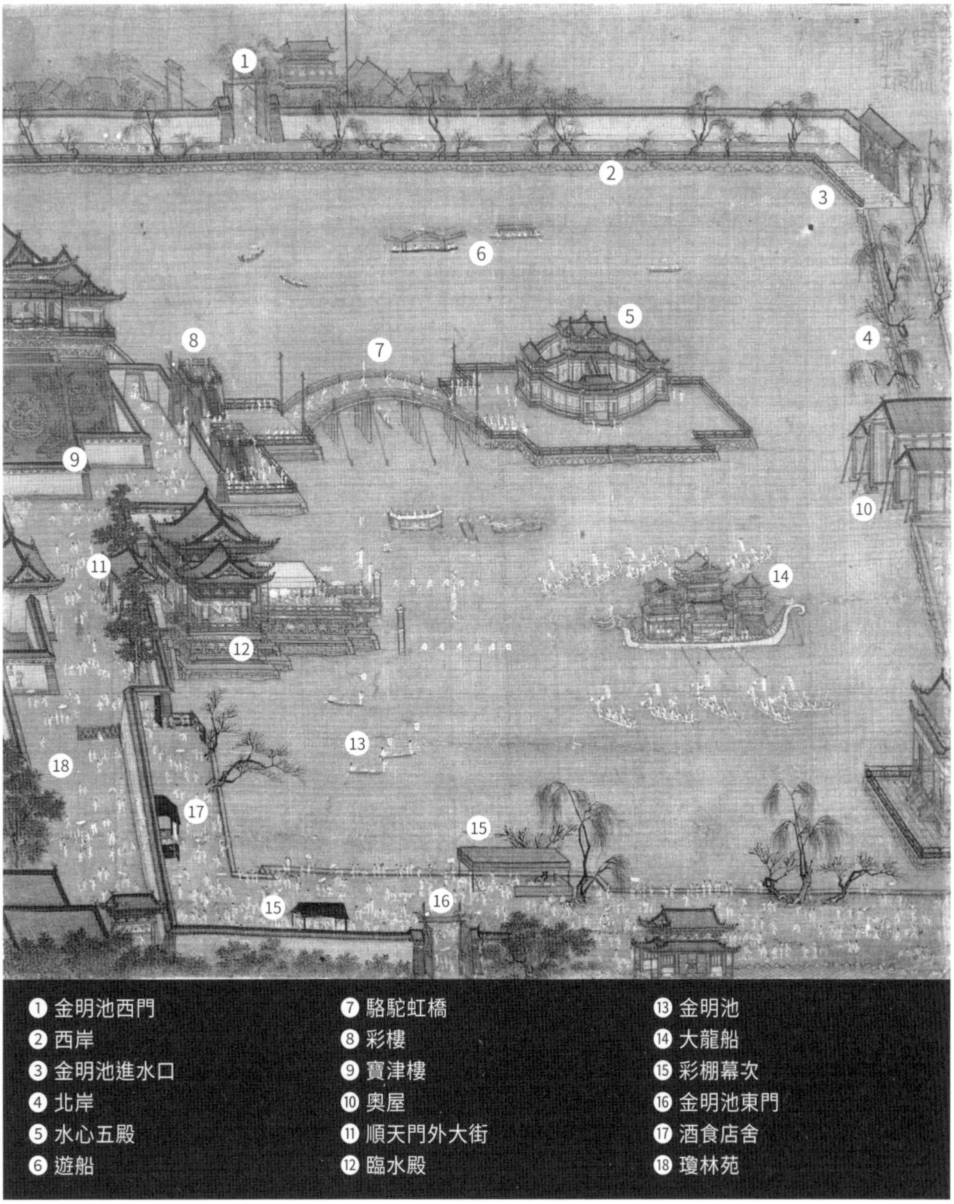

❶ 金明池西門
❷ 西岸
❸ 金明池進水口
❹ 北岸
❺ 水心五殿
❻ 遊船
❼ 駱駝虹橋
❽ 彩樓
❾ 寶津樓
❿ 奧屋
⓫ 順天門外大街
⓬ 臨水殿
⓭ 金明池
⓮ 大龍船
⓯ 彩棚幕次
⓰ 金明池東門
⓱ 酒食店舍
⓲ 瓊林苑

（北宋）張擇端《金明池爭標圖》

設有彩棚，租賃給那些愛看熱鬧的有錢人[40]。

徽宗皇帝趙佶一般會在陰曆三月二十日駕幸金明池臨水殿，先宴請群臣，然後再與官民一同觀賞水上百戲和爭標活動。

水上百戲的表演內容與瓦子裡的節目大同小異，最大的特點就是站在船上進行表演。船隻行駛在湖面上會不停地顛簸，自然增加了表演的難度，也增加了危險係數，不過看著也更為刺激，最具特色的節目便是水傀儡和水秋千。

水傀儡就是在水上表演的木偶戲，藝人站在專用的水傀儡船上，不僅要操控木偶，還要在表演時邊說邊唱[41]，這種技藝如今已經失傳了。

水秋千是藝人坐在畫船的秋千上蕩來蕩去，借助蕩秋千時向上的力，猛地騰空而起，在空中翻幾個筋斗後躍入水中[42]，是集蕩秋千與跳水於一身的表演項目，因極度驚險刺激而聞名

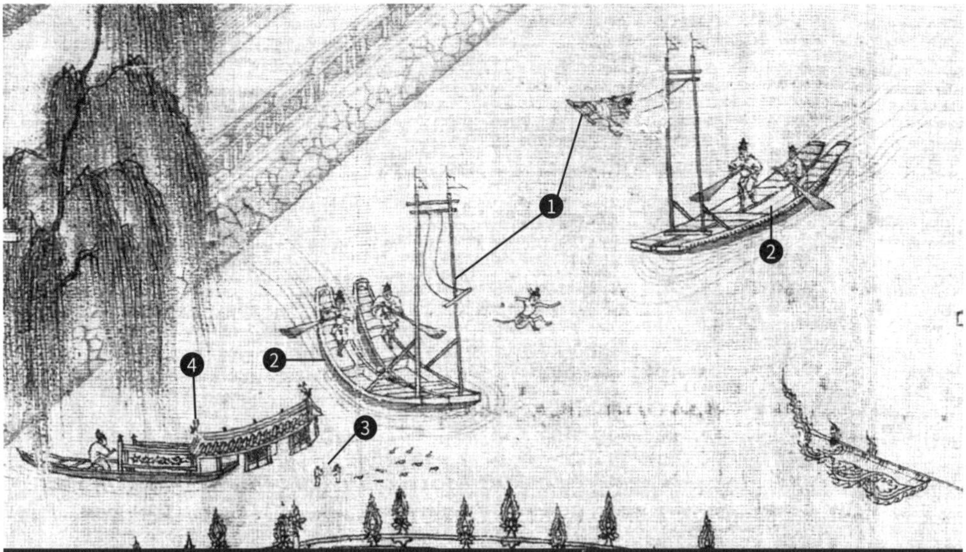

❶ 水秋千　❷ 畫船　❸ 水傀儡　❹ 水傀儡船

（元代）佚名《龍舟奪標圖》（局部）

遐邇。

水上爭標起源於唐代，活動開始前在終點水域插上一根長竿，為了引人注目，竿上往往會纏上五顏六色、鮮豔奪目的錦布，被稱為「錦標」。競渡船只以首先奪取錦標者為勝方，這一競賽活動被稱為「奪標」。

《金明池爭標圖》描繪的正是在金明池中進行的激烈的爭標活動，湖心有一艘氣勢恢宏的大龍船，正對著岸邊的臨水殿。這艘大龍船長三四十丈，寬三四丈，中間高約五層，兩側高兩三層，均為歇山頂木結構建築。船頭船尾飾以金箔，在陽光下熠熠生輝。大龍船的船頭立著一名負責指揮的軍校，目視著前方。

大龍船兩側各齊整地排列著五艘小龍舟，舟頭上均立著一名軍校，雙手揮動令旗，兩側各坐有五名槳手。

大龍船急速向前行駛，在水上騰起一陣煙霧，駛抵臨水殿旁便停了下來。臨水殿前的水棚上站著手持紅旗的軍校，他揮了揮手中的旗子，示意奪標活動開始。小龍舟聽到號令便鳴鑼敲鼓，隨即出陣，划槳轉向，組成一個圓陣，稱為「旋羅」；那個軍校手中

40 （宋代）孟元老《東京夢華錄．三月一日開金明池瓊林苑》。
41 （宋代）孟元老《東京夢華錄．駕幸臨水殿觀爭標錫宴》。
42 （宋代）孟元老《東京夢華錄．駕幸臨水殿觀爭標錫宴》。

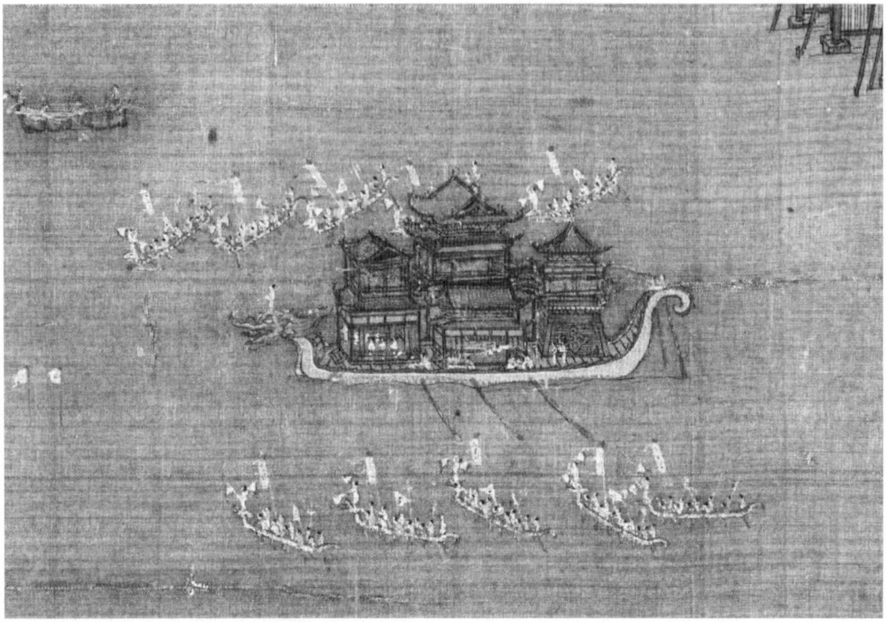

（北宋）張擇端《金明池爭標圖》（局部）

（元代）佚名《龍舟奪標圖》（局部）

的旗語一變，十艘小龍舟一分為二，各自組成圓陣，稱為「海眼」；緊接著旗語又一變，兩隊小龍舟相交而過，稱為「交頭」。

上面還只是表演賽，真正的競賽才剛剛開始！十艘小龍舟排列在水心五殿的東面，面對著臨水殿排成一列。此時一葉小舟緩緩駛來，船上一個軍校手中拿著一根竹竿，上面掛著織錦和銀碗。小龍舟上的健兒們見此情形無不士氣高漲，每艘船都如同離弦的箭一般飛快地向前駛去，所展現出的磅礴氣勢引得圍觀的群眾發出陣陣震天動地的歡呼聲。

率先抵達終點的健兒搶得標杆後會向著皇帝所在的方向下拜，金明池上空頓時便響起震耳欲聾的「山呼萬歲」之聲！[43]

曇花一現的艮嶽

艮嶽於北宋政和七年（西元一一一七年）正式開工興建，直到宣和四年（西元一一二二年）才徹底竣工。徽宗皇帝趙佶花費了將近六年時間傾天下之力來修造艮嶽，難道僅僅是為了抒發心中的詩情畫意嗎？

有人認為徽宗皇帝趙佶大興土木是想要根治北宋王朝的一大頑疾，也就是皇帝子嗣

43 （宋代）孟元老《東京夢華錄‧駕幸臨水殿觀爭標錫宴》。

稀少的問題[44]，因為這不僅僅是個人生育問題，而且是事關朝廷穩定和社稷安寧的大事。

北宋開國皇帝趙匡胤奮鬥一生，最終卻為他人做了嫁衣，因為繼承皇位的並非是他的兒子，而是他的弟弟趙光義。關於趙光義得位不正的質疑聲一直都未曾停歇過，流傳最廣的是「燭影斧聲」的傳聞：趙匡胤離奇去世的那晚，趙光義曾去見過哥哥，但趙匡胤的寢殿之中卻傳出陣陣斧聲。

趙匡胤共有四個兒子，兩個早夭，倖存下來的兩個兒子趙德昭和趙德芳在叔叔趙光義即位之後全都離奇死去了，因此一些人認為趙光義一脈子嗣少是因果報應所致！

其實趙光義的兒子並不少，共有八個兒子，第三子趙恆最終繼承大統，史稱「宋真宗」。但趙恆登基後卻飽受後繼無人的困擾，雖然接連得到了五個兒子，卻全都夭折了，直到四十三歲時才重獲一子。這個兒子幸運地長大成人，也就是後來的仁宗皇帝趙禎。

不過趙禎可就沒有父親那麼幸運了，雖然活了五十五歲，在位四十二年之久，是宋代在位時間最長的皇帝，卻只有三個兒子，還全都夭折了。眼見後繼無人，他只得從皇族之中挑選繼承人，趙禎的侄子，也就是後來的英宗皇帝趙曙最終得以繼承大統。

英宗皇帝趙曙有四個兒子，其中三個都順利長大成人，他最終將皇位傳給了長子，也就是神宗皇帝趙頊。趙頊的生育能力很強，一連得到了十四個兒子，最終繼承皇位的是第六子趙煦，也就是哲宗皇帝。可正值壯年的趙煦卻在二十五歲時突然暴亡了，雖留有一子趙茂，卻只活了三個月便夭折了。趙煦的十一弟端王趙佶幸運地成為新皇帝，史稱「宋徽宗」，這也成為北宋王朝的大不幸！

宋人張淏在《艮嶽記》中寫到，即位之初的趙佶也面臨著少子的尷尬境地，於是有個方士向他進言，說從風水學上講，開封位於黃河南岸的大平原上，東北方向陰氣極盛，只有將開封城的東北方向進行改造才有利於皇室繁衍子嗣。趙佶聽信了那個方士之言，於是便在宮城西北角修造了艮嶽。「艮」其實是個卦名，代表著東北方向，園中矗立著如同山嶽般高聳的假山，於是取名為「艮嶽」。

其實這個說法很值得懷疑。北宋元符三年（西元一一〇〇年）正月，年僅十九歲的趙佶繼位，當年五月，他的大兒子趙桓（也就是後來的欽宗皇帝）便降生了，一直都活得健健康康的。況且此時的趙佶不僅年紀尚輕，而且又喜歡尋花問柳，假以時日再多些兒子也不在話下，根本就沒有必要為了繼承人的問題而苦惱。

北宋政和七年（西元一一一七年），艮嶽開工之時，趙佶已經接連有了二十五個兒子。即便是北宋滅亡後，他被金人擄掠到了北方，在極端惡劣的情況下，他仍舊排除萬難，以頑強的毅力又得到了六個兒子，可謂是生命不息、生育不止！

44 （宋代）張淏《艮嶽記》。

如此看來，艮嶽壓根就不是徽宗皇帝趙佶為了繁衍子嗣並使得大宋國祚永昌而修建的風水建築，純粹是為了實現他心中的藝術理想而修造的精神家園。經過他的不懈努力，開封宮城的東北角驚現一座如夢如幻、如詩如畫的皇家園林。

與以往的宮苑建築不同，艮嶽之中的建築全都是遊賞性建築，既沒有朝會議事之所，也沒有居住之地，更是突破了秦漢以來「一池三山」的傳統造園格局，採用自然山水的構園方式，在個別景點的設計上還吸收了私家園林的造園手法，將詩情畫意巧妙地運用到造園實踐之中，力求將華夏大地上的名山美景全都濃縮在這一座園林之中。

艮嶽占地約七百五十畝，東半部以山景為主，西半部以水色為主，以精湛的造園技巧著力將天下美景盡收於一園，既有天臺山、雁蕩山、鳳凰山、廬山等名山的奇偉，也有三峽、二川（即四川）的恢宏，山水、殿宇、林舍、花木形成全方位、多層次的觀賞景觀，雖由

（北宋）徽宗趙佶《竹禽圖全卷》

人作，卻宛若天成！

主峰萬歲山為艮嶽的中心，立於峰頂的介亭是整個園林的制高點。萬歲山與艮嶽東南部的壽山兩峰並峙，深谷險峪點綴其間；地處中部的萬松嶺層巒疊嶂，泉水潺潺，瀑布飛瀉，置身其間頓覺高下有致，動靜得宜。

自幼便生長在大平原上的開封人來到艮嶽便猶如置身於名山大壑、幽谷巨岩之中，藏身於艮嶽之中的珍禽奇獸也不再供狩獵之用，而是成為增加自然情趣的精靈。

（北宋）徽宗趙佶《祥龍石圖卷》

艮嶽的一大特色便是平地起高山，透過這幅《祥龍石圖卷》，我們能夠強烈感受到丹青高手徽宗皇帝對奇石的偏愛。因此，艮嶽也成為奇石薈萃之地，造園時對奇石需求之大、要求之高可謂是前無古人，後無來者。

朱勔父子生長在蘇州太湖邊，因善於營造園林而被蔡京發現後得以步入仕途。為了博得徽宗皇帝的歡心，朱勔專門搜羅江南地區的奇珍異石進獻給朝廷，但運輸卻是個大問題，因為高大多竅且透空的太湖石在長途運輸過程中極易折斷。

朱勔為此想出了一整套方法，先用膠泥將石頭上密密麻麻的孔竅全都填上，用麻筋包裹好後在日光下暴曬使其漸漸變硬。為了運輸巨型太湖石，朝廷還專門建造了大型船隻，逆水而行的時候，光是縴夫便需要上千名。運抵京城開封後，他再命人將太湖石浸泡在水中，沖去石身上的泥土，使其重新變得熠熠生輝！

目前藏於蘇州留園的奇石「冠雲峰」，與上海豫園的「玉玲瓏」和杭州花圃的「縐雲峰」並稱「江南園林三大奇石」，不過卻很少有人知道，其實它就是當年運送「花石綱」的遺留物，足見艮嶽之中奇石之多！

艮嶽建成僅僅四年後，金軍便長驅直入，將開封城團團圍住，恰逢城中又下了一場罕見的大雪，成千上萬名飢寒交迫的開封百姓瘋狂湧入艮嶽之中，有的將房屋拆了當柴燒，有的將石頭鑿開墊東西，有的將竹子砍了當籬笆用，更有甚者將園中幾百頭珍奇大鹿殺了吃肉，將十餘萬山禽水鳥投到汴河之中放生。在國破家亡之際，徽宗皇帝趙佶耗盡畢生心血修建的這座曠世奇園就此遭受了毀滅性打擊。

次年，徽宗皇帝趙佶及其子欽宗皇帝趙桓被金人擄掠到了寒冷的東北地區，曾經繁華一時的北宋王朝轟然倒塌，艮嶽就此徹底湮沒在了歷史的深處！

參考文獻

〔1〕榮新江，《清明上河圖》中的胡人形象解析〔N〕。新疆日報（漢文版），2009-6-23（11）。

〔2〕郭麗冰，從《東京夢華錄》看北宋東京的夜市〔J〕。廣東農工商職業技術學院學報，2007，23（4）：4。

〔3〕李合群，《清明上河圖》中的「粉壁」〔J〕。開封大學學報，2009，23（3）：1-2。

〔4〕李合群，《清明上河圖》中「表木」新論〔J〕。河南大學學報：社會科學版，2008，48（3）：5。

〔5〕唐文林，《清明上河圖》虹橋建築的結構和藝術特點〔J〕。邵陽學院學報（社會科學版），2007，6（2）：97-98。

〔6〕虞雲國，宋代的大相國寺〔J〕。尋根，2005（6）：98-101。

〔7〕鄭蕾，北宋大相國寺百戲崢嶸〔J〕。上海戲劇，2008（5）：2。

〔8〕上海市戲曲學校中國服裝史研究組，中國服飾五千年〔M〕。商務印書館香港分館，1984。

〔9〕梁淑芬，北宋東京勾欄瓦子研究〔D〕。鄭州：河南大學，2009。

〔10〕張建，《清明上河圖》中的虹橋市井——北宋東京研究〔J〕。河南社會科學，2009，17（3）：3。
〔11〕李春，《清明上河圖》的交通價值〔J〕。交通運輸部管理幹部學院學報，2005（2）：12-16。
〔12〕方寶璋，略論宋代商稅〔J〕。稅務研究，2013（10）：2。

第七章　便利生活面面觀

第一節　住店租房有講究

住店要找對地方

對於每一位來開封的外地人而言，當務之急便是先尋一處旅館安頓下來，城中遍布著不同水準、各具特色的旅店，總有一款適合你！

開封交通便利，商業發達，文化昌明，又是全國政治中心，每日進城來的商人小販、手工藝人、趕考舉子、官府中人絡繹不絕。官吏可以住政府招待所，但其他人除了投親的之外，幾乎都有住店的需求，正是這巨大的商機催生了生機勃勃的旅館業，以至於連北宋初期的著名宰相趙普都廣置宅邸，開店迎客，賺了個堆金積玉！

《清明上河圖》描繪的開封城內共有兩家旅館，其中一家是「王員外家」旅館，高大醒目的招牌相即便隔很遠都能一眼看到。

如今很多耳熟能詳的稱謂在宋代可不是亂叫的，比如明清時期女子會稱呼自己的丈夫為相公，但在唐代，相公幾乎是宰相的專用稱謂。到了宋代，相公的外延稍稍大了些，一些高級官員也可以稱呼為相公，比如北宋名將種諤、種師道分別被稱為老種經略相公、小種經略相公。在《水滸傳》中，鄆城縣縣令被稱為「縣令相公」，施恩之父甚至被稱為「管營相公」，明顯與宋代歷史並不相符。

「員外」也是如此，明清時期的有錢人都可以被稱為「員外」，但在宋代，員外通常指的是員外郎。北宋前期延續了唐代官制，尚書省下設六部二十四司，每一個部均下轄四個司，司的長官為郎中（從五品上階）。注意宋代的郎中可不是看病的醫生，而是高官，副長官便是員外郎（從六品上階）。

不同部門的員外郎雖然品級相同，卻

❶ 寫有「久住 王員外家」字樣的招牌

「王員外家」旅館

有高低之分：吏部、兵部各司員外郎為前行員外郎，戶部、刑部各司員外郎為中行員外郎，禮部、工部各司員外郎為後行員外郎。不過在北宋前期，郎中、員外郎等官職只是用來標明品級、確定待遇，具體從事什麼崗位還要看你是什麼差遣。

元豐改制後，尚書省重新成為權力中樞，此時司的數量也增至二十八個：吏部增至七個司，戶部增至五個司，其他四部仍舊是四個司。這主要是考慮到吏部主管官員的考核和升降，戶部主管國家財政事務，工作比較忙，職責比較重。原本隸屬宰相辦事機構中書門下的銓曹四選被裁撤後，相關職能併入吏部，三司被裁撤後職能併入戶部，多設些司也好安置那些被裁撤部門的官員。各司正、副長官郎中和員外郎成為實權職位，郎中的品級重新確定為從六品，員外郎的品級重新確定為正七品。

之前僅僅是標明品級和確定待遇的員外郎在元豐改制後卻變成了寄祿官，後行員外郎改為朝奉郎，中行員外郎改為朝散郎，前行員外郎改為朝請郎，合稱「三朝郎」，均為正七品，與員外郎品級相同，不過卻並無實權。這家旅館的主人王員外有可能是手握實權的員外郎，也有可能只是擔任著三朝郎這樣的寄祿官。若是普通百姓，抑或是尋常商人，恐怕萬萬不敢妄稱「員外」！

「王員外家」旅館房屋嚴整，裝修考究，擁有好幾處院落，可謂是鬧中取靜的好去處。二樓某間客房內，一個身穿長衫的書生正臨窗苦讀，桌上擺著懸掛毛筆的小木架

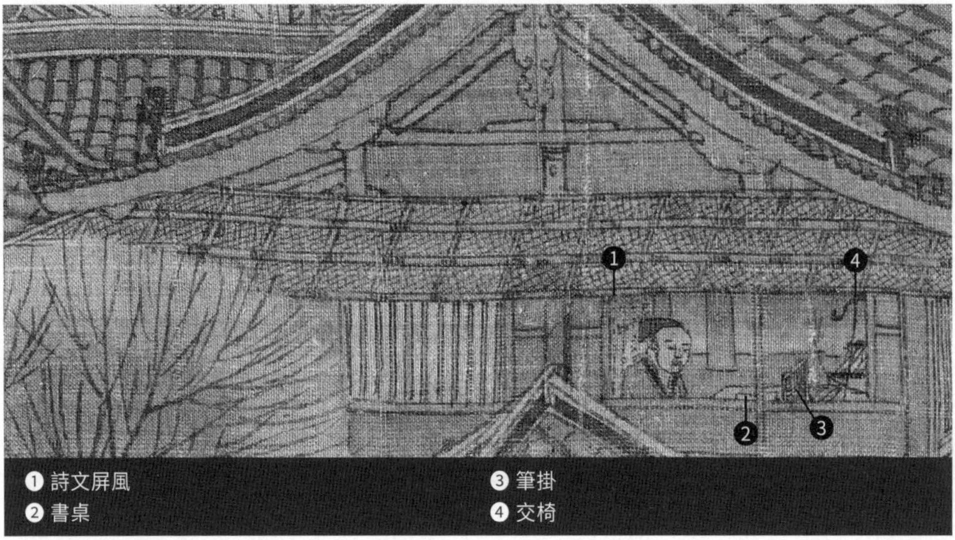

「王員外家」旅館

「筆掛」，身後還有詩文屏風，一股文雅之氣撲面而來。此人應是進京來參加科考的舉子，家境殷實的舉子在開考前好幾個月便會提前動身來開封，既是為了能尋個僻靜之處複習功課，進行最後的衝刺，也是為了進京尋找些門路，打探些消息，想方設法與主考官搭上些關係，好為自己謀個好前程！

「王員外家」旅館住宿環境舒適，還能提供一日三餐，適合來開封的外地人長期居住，因此在招牌上特地寫有「久住」兩字。另外一家「曹二家」旅館也寫有「久住」字樣，這家旅館門前雖搭有彩樓歡門，卻並不怎麼高大，由此可以看出這家旅館是一家中等水準的旅館。

租房要找對人

只有早日安頓下來，才能真正融入開封這座國際化大都市。雖然很多旅館都會提供長住服務，但長期住在旅館中卻是一筆不小的支出，不如在城中租一處合適的房子。

開封的房屋租賃市場很發達，那些對外出租的房屋既有公房，也有私房，還有寺廟道觀。

公房有直管房與自管房之分，朝廷專門設立房屋租賃管理機構店宅務，由其直接負責管理的房屋為直管房，這些房屋的租賃收入直接上繳國庫；除此之外，國子監等教育機構、侍衛馬軍司等軍事機構、提舉汴河司等工程管理機構往往也會將不少閒置不用的房產自行向外出租，這種便是

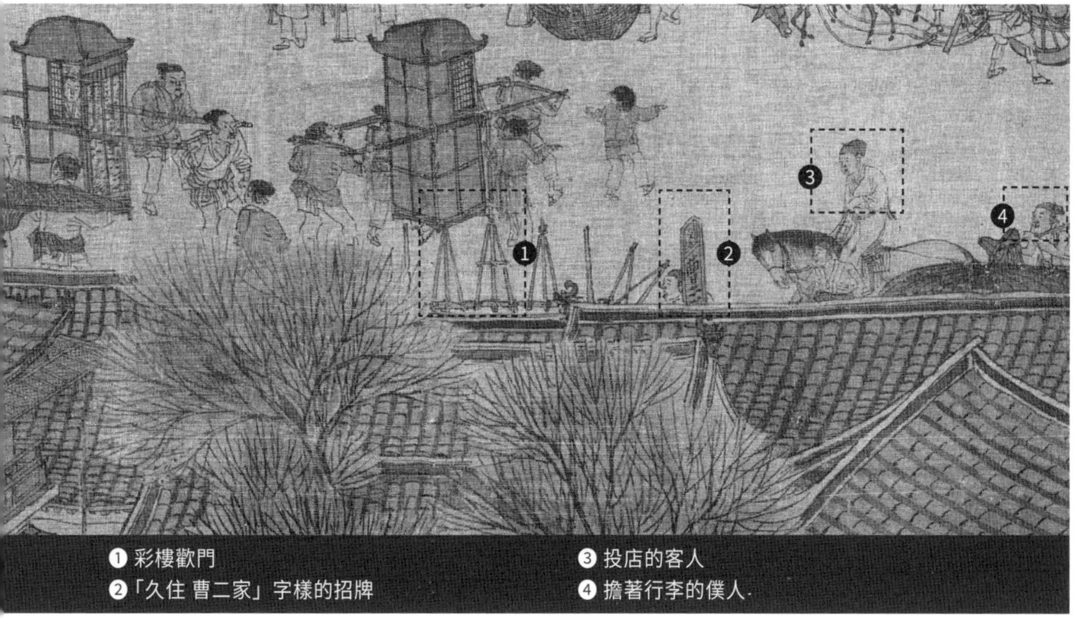

❶ 彩樓歡門
❷「久住 曹二家」字樣的招牌
❸ 投店的客人
❹ 擔著行李的僕人

「曹二家」旅館

自管房，租賃收入常常由本單位自行支配。

店宅務所管理的房屋有的是朝廷出資購買的，有的是朝廷自行建造的，還有的是朝廷徵收罰沒的，所有人及其繼承人死亡或失蹤的「絕戶」的房產也會被官府收回。北宋天禧元年（西元一〇一七年），店宅務共計管理房屋兩萬三千三百間，每年收取租金十四萬零九十貫，平均每間房的年租金為六貫左右[1]。

雖然租金看上去還算比較便宜，不過宋代所指的「間」卻並非是我們所理解的一間屋子，而是兩根樑柱之間的空間。很多氣勢恢宏的大殿在我們看來其實就是一間屋子，卻被六根樑柱分割成七個縱向區域，稱為面闊七間，按照宋人的標準，這間屋子要認定為七間。即便是普通民居也時常會有樑柱，因此宋代租賃一間屋子在當時往往要支付二間至三間的價格，也就是十二貫至十八貫。若是租賃若干間，甚至是一套院子，便需要幾十貫甚至數百貫了。

北宋大中祥符六年（西元一〇一三年），華容縣主的老公張先生租了一處宅子，每日的租金高達五百文，一個月就是十五貫，一年便高達一百八十貫[2]。

注意這個「縣主」可不是一縣之主的意思，而是外命婦中的一等。命婦有內外之分，內命婦就是皇帝的老婆們，也就是各種名號的嬪妃們。

外命婦分為兩類：一類是皇帝的親戚，分為大長公主、長公主、公主、郡主和縣主

宋代內命婦等級表

等級	等級名	名號	視品級
第一等	皇后	皇后	超品
第二等	夫人	貴妃、淑妃、德妃、賢妃、宸妃（特置）	正一品
第三等	嬪	大儀（也稱太儀）、貴儀、淑儀、淑容、順儀、順容、婉儀、婉容、昭儀、昭容、昭媛、修儀、修容、修媛、充儀、充容、充媛	正二品
第四等	婕妤	婕妤	正三品
第五等	美人	美人	正四品
第六等	才人	才人	正五品
第七等	貴人	貴人	無品級
第八等	御侍	寶林、御女、采女	無品級

五等；另一類就是官員的母親和妻子，分為國夫人、郡夫人、郡君、縣君四等，不過喜歡標新立異的徽宗皇帝趙佶又將郡君細分為淑人、碩人、令人、恭人四級；還將縣君細分為室人（後改為宜人）、安人、孺人三級。

官員母親的封號中要加一個「太」字，比如某位官員妻子的封號為魏國夫人，那麼他母親的封號便是魏國太夫人，以示對老人家的尊重。

私房出租者中有很多是權勢顯赫的官員，比如北宋初年名將

1 （清代）徐松《宋會要輯稿‧食貨五五》。

2 （南宋）李燾《續資治通鑑長編‧大中祥符五年六月戊申》。

宋代外命婦等級表

等次	級別	名號	適用人員
第一等	—	大長公主	皇帝的姑姑
第二等	—	長公主	皇帝的姐妹
第三等	—	公主	皇帝的女兒
第四等	—	郡主	皇帝姑姑、妹妹、女兒的女兒；親王（正一品）的女兒
第五等	—	縣主	親王的女兒（正一品）；郡王（從一品）或功臣的女兒
第六等	—	國夫人	宰相、使相、尚書令、三師、三公的妻子、母親
第七等	—	郡夫人	執政以上官員的妻子、母親
第八等	第一級	淑人	尚書（從二品）以上而未擔任執政的官員的妻子、母親
	第二級	碩人	侍郎（從三品）以上官員的妻子、母親
	第三級	令人	太中大夫（從四品）以上官員的妻子、母親
	第四級	恭人	中散大夫（從五品）以上官員的妻子、母親
第九等	第一級	室人（後改宜人）	朝奉大夫（從六品）以上官員的妻子、母親
	第二級	安人	朝奉郎（正七品）以上官員的妻子、母親
	第三級	孺人	通直郎（正八品）以上官員的妻子、母親

高懷德便成為名噪一時的「包租公」。正是因為權貴們擁有大量房產，「侵街」的不良風氣才會愈演愈烈。

私人出租者中有不少是身價不菲的商人富戶，這些人消息靈通，眼光獨到，見有利可圖必然會蜂擁而至；除此之外，也有一些平民會將自家房子租出去，這些人多是家道中落之人，將祖上留下來的房產租出去貼補家用。有人出租的是確實用不著的房子，也有人因生活拮据讓全家人擠在一起，將刻意騰出來的房子用於對外出租。

租房人之中有不少是官員，雖然官府有時也會為官員提供宿舍，但住起來卻多有不便，因此很多在京任職、來京候職的官員往往會選擇租房住。一些大權在握的高官，甚至是曾位至宰執的人，如寇准、范仲淹等人都曾有在開封租房的經歷，不過朝廷通常會給予那些高官們非常高的住房補貼，也就是「官舍僦錢」。

北宋皇祐二年（西元一〇五〇年），彰信節度使、侍中李用和病了，仁宗皇帝趙禎親自前往探視，還特地命有關部門按照每日五千文的標準向其發放住房補貼。[3]宋代開封城中底層老百姓辛辛苦苦幹一天的活，得到的工錢也僅有一百文左右，李用和躺在病床上便可每天輕輕鬆鬆拿到相當於五十個老百姓一天工資的住房補貼。有了這筆鉅款在手，

3 （南宋）李燾《續資治通鑑長編·皇祐二年七月丙申》。

開封城內的豪宅，只要是他看上的便沒有租不起的！

軍人也是租房群體中的重要一員。雖然軍人可以住在軍營之中，但那些隨軍家屬卻不能一同住進軍營。除了充做皇帝侍衛的班直外，絕大部分禁軍部隊要定期換防或者外出作戰，今天駐紮在京城開封，明天就不知要調到何處去。普通士卒、低級軍官的月俸為一百到三百文，根本買不起房，只能租房住！

讀書人也是租房群體中很重要的一類人，他們中的絕大多數是為了進京考取功名，不過也有不少性情恬淡之人只是為了遊歷四方，增長見識。在這些讀書人中，家境殷實的人通常會住在如「王員外家」這樣高檔的旅館之中，三餐無憂，環境清幽；家境一般的人便只能租普通的宅子，在刻苦攻讀之餘，還要自己生火做飯，洗衣服，做家務；家境貧寒的人只得寄宿在寺廟之中，過著寄人籬下的生活。

宋代出現了專門的房屋招租廣告「賃貼子」。店宅務的名下管理著大量官房和邸店，哪個房屋空置了便會在門上貼上招租廣告，在當時可謂是商業行銷的創新性舉措。

宋人法律意識往往都比較強，租賃房屋時一般都會簽訂租賃合同，朝廷還曾於北宋大中祥符六年（西元一〇一三年）公布了專門的文件[4]，規範房屋租賃合同樣式。不過在簽訂合同時，雙方為了爭取各自的利益常常互不相讓，於是便聘請精通此道而又能言善辯的牙人來進行撮合，開封等大城市漸漸出現了房地產職業經紀人「莊宅牙人」。

租賃合同中最具宋代特色的條款就是房東要留給租房者搬遷和安頓時間並以五天為限，也就是從第六天開始收取租金。[5]合同一經簽訂，出租者便不能隨意增加租金，也不能無故提前收回房屋，還對所出租的房屋負有修繕的責任。即便是房東將該房屋變賣，也不得隨意廢止已經簽訂的租賃合同，「買賣不破租賃」的原則也一直適用到了今天！

租房者需要承擔的義務就是定期繳納房租，租期屆滿後將房屋歸還房東。若是租房者拒不支付租金，房東有權上報官府請求強制執行並提前終止房屋租賃合同。[6]如若租賃的是公房，租房者不允許再轉租給其他人；[7]如若租賃的是私房，經房東同意後才可對外轉租。

由於「侵街」之風在宋代極為盛行，租房合同中往往會設置專門條款不允許租房者私搭亂蓋，因為私搭亂蓋屬於違法行為。如果違章建築遮蔽了皇家宮殿或是阻礙了交通，肇事者將會接受「杖一百」的懲罰，告發者將會得到五十貫的賞錢。[8]

4 （清代）徐松《宋會要輯稿・食貨五五》。
5 （清代）徐松《宋會要輯稿・食貨五五》。
6 （南宋）幔亭曾孫《名公書判清明集・賃屋・不肯還賃退屋》。
7 （清代）徐松《宋會要輯稿・食貨五五》。
8 （南宋）李燾《續資治通鑑長編・元符二年十一月庚寅》。

房屋租賃合同不僅是保障雙方權益的重要依據，也是證明自身清白的重要證據。北宋紹聖四年（西元一〇九七年），蘇轍被貶為化州（今廣東化州）別駕，不過卻被安置在雷州（今廣東雷州）。由於他並非是雷州的官員，因此當地官府並沒有給他分配官舍，只得自行租賃私人房屋。他的政敵章惇卻藉機向哲宗皇帝趙煦打起了他的小報告，說蘇轍膽大妄為，搶奪民居，在當地造成了極其惡劣的影響。面對誹謗誣陷，蘇轍卻拿出了最為有利的證據——房屋租賃合同（稱為僦券），頓時便成功回擊了對方的誣告陷害[9]！

第二節　看病就醫有門道

人吃五穀雜糧沒有不生病的，抵抗力較差的老人孩子更是如此，若是病了到哪裡去就醫呢？這個不用愁，開封城中有著滿足不同群體就診需要的醫院診所，總有一所適合你！

宋代「趙太丞家」

這是開封城中的一家醫館，牌匾上寫著「趙太丞家」四個大字。太丞是個官名，就是「太醫局丞」的簡稱。

太醫局隸屬太常寺，一把手為太醫局令（從七品），二把手為太醫局正（正八品）。不過這兩個官職卻時常空置，通常由太醫局丞來實際主持工作，而它的品級也是一降再降，起初是從七品，此後降為從八品，後又降為正九品。

在很多人的印象之中，太醫是專門給皇帝看病的當世名醫，肯定特別牛，其實太醫局雖名為「太醫」，但給皇帝看病的機會

「趙太丞家」醫館的牌匾

9　（元代）脫脫等《宋史・章惇傳》。

卻並不多。它的主要職能有三個：第一個是培養醫學人才，第二個是從學業有成的醫學人才之中選拔醫官，第三個是開展醫療服務活動，對象主要是在京的官學學生和禁軍將士，有時也會前往災區治病送藥，開展醫療救助。

太醫局下設大方脈科（成人內科）、風科（心腦血管科）、小方脈科（兒科）、眼科、瘡腫兼折傷科（即普通外科兼骨科）、產科、口齒兼咽喉科、針灸科和金鏃兼書禁科（外傷科兼鎮邪驅鬼科）共計九科，分科培養專業性醫學人才，但名額卻並不固定，在三百人左右。

元代在九科的基礎上進行分拆，擴充為十三科，新設了祝由科。「祝由」之名最早見於《黃帝內經》，在書禁科的基礎上發展而來。書禁科側重於將符咒書寫在木板、紙張、布帛或器物上，以達到祛除病魔的目的；祝由科側重於用咒禁之術為

清院本《清明上河圖》中的「祝由科」診所

人治病，既包括心理暗示，也包括氣功療法，利用人們敬畏鬼神的心理來達到治病的目的。由於這兩個科的治療方式比較相似，元代朝廷後來將兩者合併為祝由書禁科。在清院本《清明上河圖》中，街道僻靜處有一個小院，門旁寫著「祝由科」三個字，說明這是一家主要利用咒符為人治病的專科診所。

那些專門給皇帝嬪妃看病的太醫們隸屬於翰林醫官局（元豐改制前稱翰林醫官院），屬於技術官員序列。

在北宋前期，醫官並未形成完整體系，常常要借用諸司使來代表自身品級，其中既有東班即文官諸司使，如榷易使、西綾錦使；也有西班即武官諸司使，如軍器庫使；還有本就是管理醫政事務的翰林醫官使，可謂是五花八門，亂七八糟。徽宗皇帝趙佶於北宋政和二年（西元一一一二年）著手改革了醫官體系，確立了三等二十二階醫官階。

按照政和新官制，翰林醫官局所屬醫官共分為三等：地位最高的是和安大夫等六大夫以及翰林良醫，編制為二十人；第二等為和安郎等六郎和翰林醫正，編制為三十人；第三等為翰林醫效至翰林祇候（並無品級），編制為三百人，共計三百五十人；此外，還有一些從事事務性工作的胥吏和正在實習的醫學生。

醫官通常只能在體系內遷轉，地位要低於其他官員，最高只能做到從六品官，只有立下大功或者獲得皇帝特殊恩賜才會破例轉為武官，否則便只能一輩子擔任醫官。

宋代醫官官制

序號	北宋前期官制	政和新官制	品級
1	—	和安大夫	從六品
2	—	成和大夫	從六品
3	—	成安大夫	從六品
4	軍器庫使	成全大夫	正七品
5	西綾錦使	保和大夫 (後改平和大夫)	正七品
6	榷易使	保安大夫	正七品
7	翰林醫官使	翰林良醫	正七品
8	—	和安郎	從七品
9	—	成和郎	從七品
10	—	成安郎	從七品
11	軍器庫副使	成全郎	從七品
12	西綾錦副使	保和郎 (後改為平和郎)	從七品
13	榷易副使	保安郎	從七品
14	翰林醫官副使	翰林醫正	從七品
15	翰林醫效	翰林醫效	從七品
16	翰林醫痊	翰林醫痊	從七品
17	—	翰林醫愈	從八品
18	—	翰林醫證	從八品
19	—	翰林醫診	從八品

20	翰林醫候	翰林醫候	從八品
21	翰林醫學	翰林醫學	從九品
22	翰林祗候	翰林祗候	不入品

翰林醫官局同時還執掌國家醫藥政令，相當於國家衛生健康委兼中央保健委員會，因此翰林醫官局的權力要比太醫局大得多，太醫局更偏向於教育和科學研究工作。

翰林醫官局名義上的長官為翰林醫官使，不過他的頭上卻還有兩個「婆婆」。

宋代將管理宦官的機構一分為二，如此一來領導職數便會增加不少。內侍省被稱為「前省」，接觸皇帝的機會比較少，都是在打掃衛生、防火防盜等雜活兒和粗活。入內內侍省被稱為「後省」，後省的宦官們才有機會伺候在皇帝嬪妃身邊，待遇自然也要比前省優厚許多，如果後省出現了崗位空缺，才會從前省調任。

雖然翰林醫官局的日常工作由翰林醫官使負責，但通常還會設提舉翰林醫官局和主管翰林醫官局這兩個差遣，由內侍省或入內內侍省的宦官擔任，奉命監督那些醫官們的言行，所以宋代醫官絕對不會像《甄嬛傳》中的御醫溫實初那樣以進宮看病為名在皇宮內瞎溜達，更不可能與皇帝的嬪妃私通。除此之外，宦官還要設法防止那些醫官借給嬪妃、皇親治病之機打招呼，走後門。

一個幹活的長官，兩個監督的官官，翰林醫官局這個活兒可不好幹！

開封城中的「醫學中心」

太醫局丞雖說不如翰林醫官使的權力那麼大，但醫術想必並不會差，因此這家「趙太丞家」醫館的醫療水準在整個開封城中也是響噹噹的。這位趙姓太醫局丞在任時想必不會有那麼多時間和精力來經營醫館，或許是已經辭職了，或許是已經退休了。

「趙太丞家」醫館門匾兩側貼有一副對聯，右側被招牌所遮蔽，左側也只能清晰辨認出前四個字為「五勞七傷」。「五勞」是指心、肝、脾、肺、腎的勞損；「七傷」是指大飽傷脾、大怒

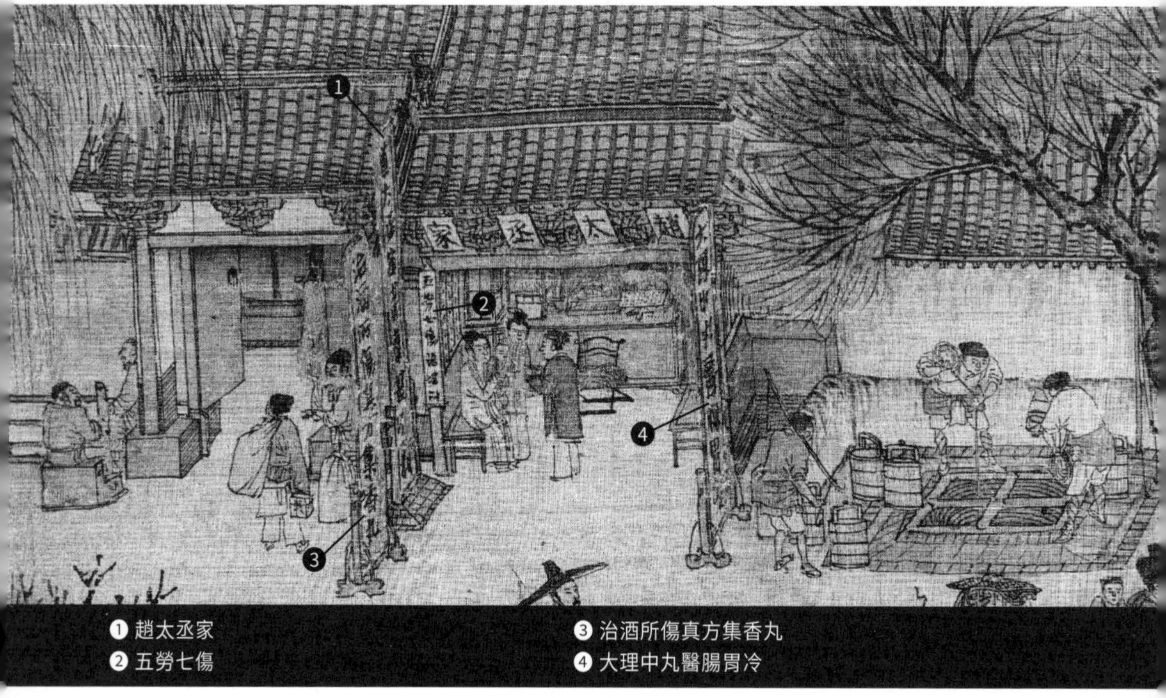

❶ 趙太丞家
❷ 五勞七傷
❸ 治酒所傷真方集香丸
❹ 大理中丸醫腸胃冷

傷肝、久坐濕地傷腎、形寒飲冷傷肺、憂愁思慮傷心、風雨寒暑傷形、恐懼不節傷志，「五勞七傷」被傳統中醫視為致病之源！

「趙太丞家」醫館門前立著三塊高大的木質招牌，左側靠裡的招牌最為高大，不過卻只能辨認出前四個字為「趙太丞家」；左側靠外的招牌上寫著「治酒所傷真方集香丸」；右側招牌上寫著「大理中丸醫腸胃冷」。

「集香丸」被列入《御藥院方》之中，一直是官營藥品銷售機構太平惠民局的熱銷藥品。集香丸由丁香皮、川楝子和白蔻仁等二十多味中草藥製成，主治因食用生冷食物而導致的消化不良，用薑湯送服，對於治療因飲酒過度而引發的脾胃病有著極佳的效果。

宋代文人在舞文弄墨之餘往往還會對飲酒情有獨鍾，聚在一起作詩寫詞鬥才華，觥籌交錯拼酒量，即便是小商小販在工作之餘也會喝幾口小酒，因此《清明上河圖》中大大小小的酒館餐館比比皆是。酒雖好，但飲酒過度卻也會傷身，「趙太丞家」醫館便看準了這個商機大肆推銷這款宮廷御藥集香丸，自然會吸引很多患者前來購買。

大理中丸也是一款御藥，同樣以調理脾胃為主，主治脾虛胸膈痞悶、心腹撮痛、不思飲食。中醫認為脾胃是後天之本，很多病的治療都會從調理脾胃著手，這樣才能起到治本的效果。大理中丸在宋代可是競相購買的好藥。大宦官童貫本是個宦官，卻因得到徽宗皇帝的賞識而獲封廣陽郡王（從一品），官居太師（正一品），領樞密院事。他就對大理中丸情有獨鍾，府上居然囤積了數千斤之多！

「趙太丞家」醫館以這兩款御藥為主打藥品，再結合自己的任職經歷，無疑會起到很好的廣告效果，自然也就吸引了不少達官貴人來此看病。

「王員外家」旅館中有一把交椅，與「趙太丞家」醫館毗鄰的官員府中也有一把交椅，只可惜這兩把椅子都只露出了一部分，但「趙太丞家」醫館中的交椅卻被完整地描繪出來。

交椅能夠像馬札那樣折疊起來，既便於攜帶，又無須占用太大的空間。「趙太丞家」醫館中那把交椅的靠背上有橫棖，但另外兩把交椅卻都沒有橫棖，只有縱向的豎板，圓

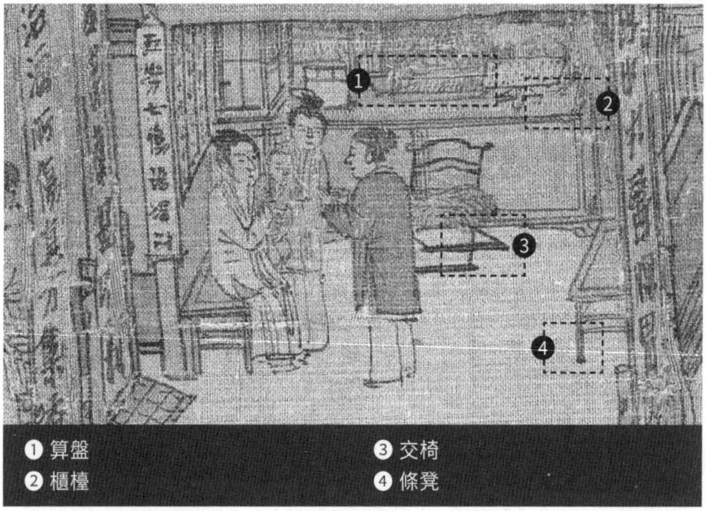

『趙太丞家』醫館

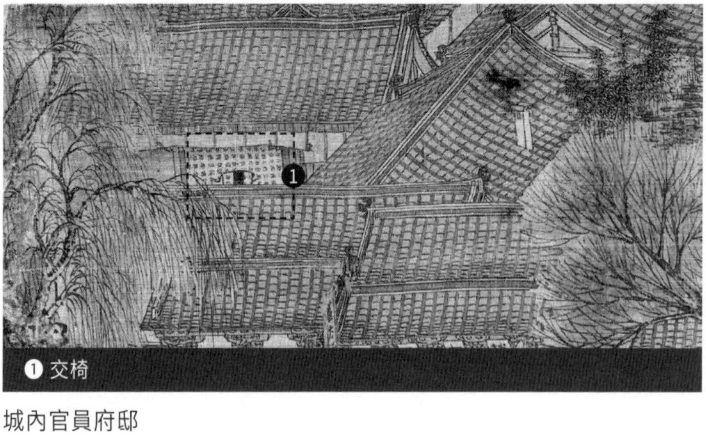

城內官員府邸

形搭腦向前環繞形成圈背，圈背前端向外側翻卷成扶手狀。

「趙太丞家」醫館正中設有櫃檯，兩側設有供患者等待時所坐的條凳。一個女子坐在條凳上，手中抱著一個孩子，另一個女子緊緊靠在她的身旁，從兩人的衣著看，似乎是貴婦人。兩人對面還站著一人，有的學者認為此人就是趙太丞，但看那裝束應該是個中老年婦人，或許就是那兩個貴婦人府上的傭人！

慕名而來的貴婦人想必是對這家醫館的兒科診療水準頗為信賴，才會將自己的孩子帶到此處來接受診治。

宋代兒科的發達很大程度上歸功於名醫錢乙。他被後世尊為兒科之聖、幼科鼻祖，也是中國醫學史上第一位著名的兒科專家，撰寫的《小兒藥證直訣》也是中國現存最早的兒科專著。

錢乙早年因寫有《顱囟方》而聲名鵲起，被授予翰林醫學（從九品）的官職，不過他這個小官卻很快引起了皇帝的關注。

神宗皇帝趙頊的一個皇子患上了驚風病，抽搐後昏迷不醒。神宗皇帝見兒子病得如此之重，自然是心急如焚。錢乙診療之後給出的方子卻是黃土湯，那位病重的皇子服下黃土湯後居然痊癒了。錢乙這樣向神宗皇帝解釋治病原理：「以土勝水，水得其平，則風自止。」[10]土能克水，若是水變得平穩了，風便停止了。這可謂是開了兒科純天然綠色療法的先河！

錢乙很快便被提拔為太醫局丞，某日奉命去廣親宅為宗室子弟治病。廣親宅本是為安置秦王趙廷美的子孫而設，後來皇室宗親大多住在此處。廣親宅中有個皇族子弟病了，但錢乙看了看卻說他其實並無大礙，壓根就不用吃藥便能痊癒。他無意間看了看旁邊的另一個年幼的孩子，卻面露驚懼之色道：「這個孩子不久將會突發疾病，而且還會病得很重，但若是能熬過三天便無性命之憂。」孩子的家長聽後自然面露不悅之色：我家孩子分明好端端的，你卻說他將要身染惡疾，這分明就是咒我們家的孩子！

次日，這個孩子突發羊角風，病情十分危急。孩子的家長這才信了錢乙之言，趕忙畢恭畢敬地去請錢乙前來診治。錢乙不計前嫌，為那個孩子悉心診治，果然三天便痊癒了。由此，錢乙的聲名也愈加顯赫。

兒科聖手錢乙與趙太丞都曾在太醫局工作，而且都曾是這個部門的領導。錢乙大致生活在仁宗至徽宗時期，與趙太丞有著很長一段時間的交集，只是不知這兩位太丞是否曾經共過事。

錢乙雖然是個名醫，但身體卻並不是太好，於是便辭了官，也像這位趙太丞那樣開了家醫館，救治了無數生命垂危的患兒。或許是因其一生積德行善之事做得太多，雖體弱多病，他卻還是活到了八十二歲。臨終之際，錢乙特地穿上為自己精心訂製的壽衣，將親友們都叫來，搞了個臨終告別儀式，瀟瀟灑灑地離開了這個世界！

這處宅子是不是趙太丞的府邸

「趙太丞家」醫館旁邊有一處大宅子，此處究竟是不是趙太丞的府邸呢？

宋代建築有著嚴格的等級規定，老百姓的宅子，哪怕你再有錢也不能搭建門屋。門屋就是將門蓋成屋子的形狀，在宋代只有宮殿、寺廟、道觀和官員府邸才能修建門屋。這處宅子建有門屋，顯然是一處官員宅邸。而且此宅前面是店鋪，後面是住宅，上起班來也很方便。太醫局丞雖是醫官，但畢竟也算是官員，那麼這處宅子究

10 （元代）脫脫等《宋史・錢乙傳》。

清院本《清明上河圖》中的兒科診所

竟是不是他的呢？

這處宅子的門屋面闊一間，進深似乎是兩間，採用的是《營造法式》中的「分心槽」樣式，也就是用一列中柱將平面等分的做法，不過門屋的中柱卻看不見，應該是已然被包裹在牆體裡面了。

門屋與其他宋代建築一樣，也分為屋蓋層（也就是俗稱的屋頂）、鋪作層（也就是上下連接層）和柱框層（也就是屋內空間部分）。

門屋屋頂正脊明顯長過山牆，為懸山頂。宋代宅邸大多使用硬山頂與懸山頂，均由

❶ 官員宅邸 ❷「趙太丞家」醫館

正脊與垂脊構成，最主要的區別在於正脊與山牆的長度誰長。如若正脊長過山牆，長出來的部分會懸浮在半空中，因此被稱為懸山頂；如若正脊與山牆長度一致，並未長出山牆，那麼便是硬山頂。

南方人偏好用懸山頂，這樣在雨季時雨水會被迅速排出；而北方人卻偏好硬山頂，有利於防風防火。開封雖位於中原大地，但居民卻來自四面八方，因此《清明上河圖》描繪的建築之中既有硬山頂又有懸山頂。

門屋屋頂上鋪的是板瓦，板瓦並非是平板，而是一種帶有弧度的瓦。工匠們在燒製板瓦前會將筒形陶坯剖成四份或六份，因此板瓦的弧度通常為一個圓的四分之一或六分之一。簷柱上有明顯的收分，也就是說，簷柱上下兩端的直徑是不完全相等的，根部略粗，頂部略細，這種設計主要是為了增加簷柱的穩定性。

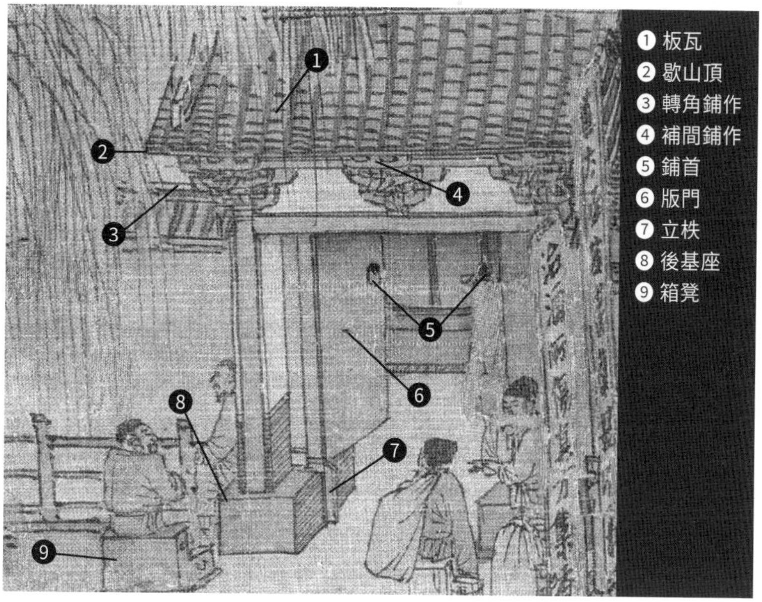

官員宅邸

簷柱頂端設有鋪作，鋪作也常常被稱為斗拱，分為轉角鋪作、補間鋪作和柱頭鋪作三種。這間門屋兩側是轉角鋪作，中間是補間鋪作，鋪作規格較高，屬於「六鋪作雙抄單下昂」的建築手法。

門屋入口為雙扇版門，版門上設有鋪首，卻並沒有門釘，版門兩側有立頰，底端設有立柣，卻並沒有地栿（貼伏在地上的條形木或石構件）。版門底部採用的是極具宋代特色的「斷砌造」做法：基座分為左、右兩個部分，中間閃出一條平坦的道路，車馬可以自由進出。

雖然畫中並沒有繪製門檻，但肯定會有門檻，否則關上門後下面會露出一道很大的縫隙，一旦下起雨來，雨水會倒灌進院內，野貓野狗等不速之客也會從這個縫隙之中鑽進院內。這處宅子安裝的應是活動門檻，晚上將門檻插進版門下方的立柣之中，白天向上一抬便可取下門檻。

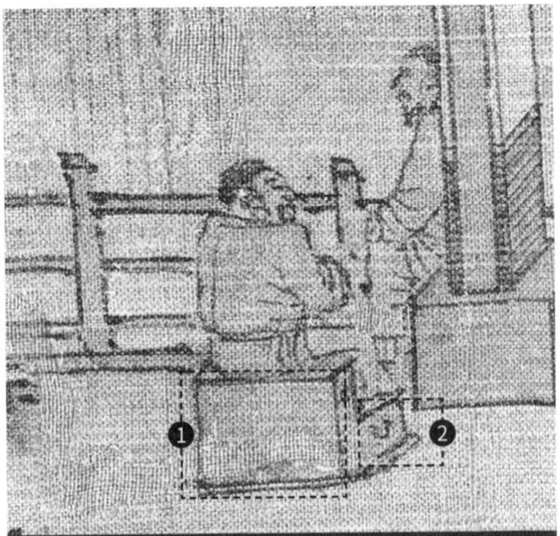

❶ 箱凳　❷ 半圓形把手

門前有一人坐在臺階似的東西之上，一些學者認為這是兩階上馬石，不過仔細觀察便會發現其上還有兩個半圓形把手，因此那人屁股底下坐的應該不是上馬石而是箱凳，

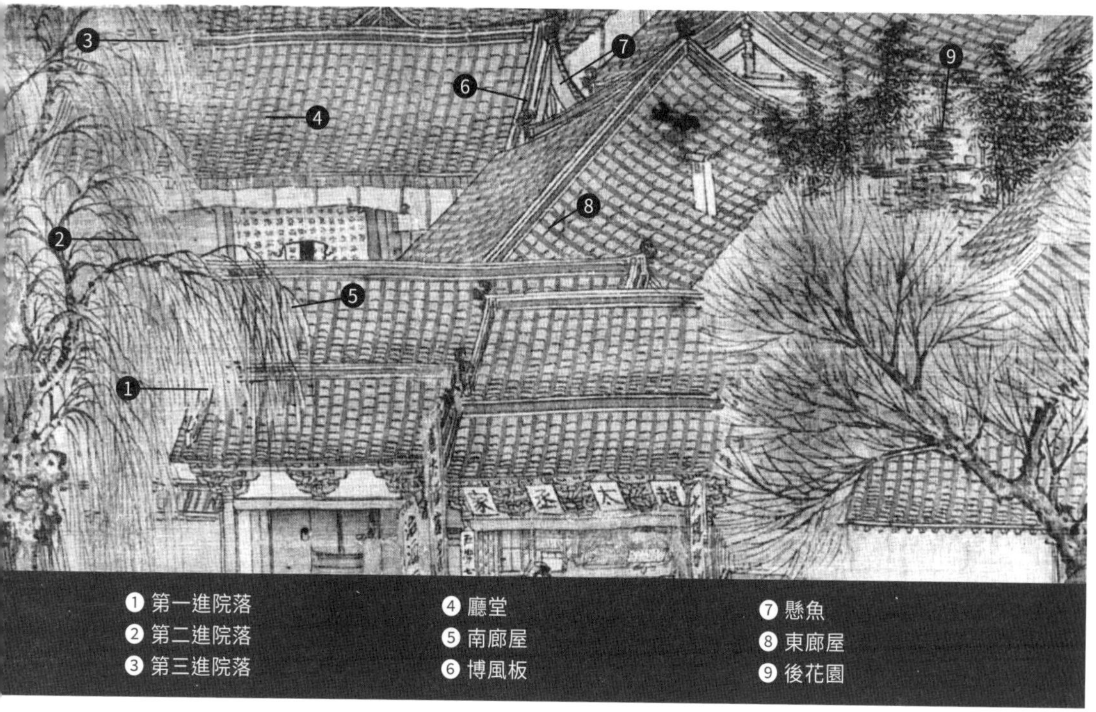

官員宅邸

既能儲存物品，又能當凳子坐。

門屋後第一進院落為「倒坐房」，也就是下人們住的房間。古代宅院通常將一個回形院落稱為「一進」。第二進院落的正房為廳堂，面闊大概三間，為懸山頂，屋頂鋪著板瓦，廳堂山牆上隱約可以見到博風板和懸魚。

在第二進院落中，廳堂坐北朝南，但兩邊卻並無耳房，規模不是很大。東面和南面均有廊屋，透過柳枝隱約可見西面似乎也有廊屋，因此南面廊屋正中或是一側應設有一道門，類似於明清時期連接內外宅之間的垂花門。俗語所說的「大門不出，二門不邁」

中的「二門」指的就是這座門，透過這道門可以從第一進院落進入第二進院落。第二進院落東廊屋上設有煙閣，應該是間廚房。主人在廳堂宴請客人時，家中廚師便在東廊屋生火做飯，款待來賓。

這處宅子還有第三進院落，不過具體形制卻看不太清晰。根據北宋著名史學家司馬光所著《居家雜儀》推測，這進院落應該是女眷們的活動區域。東側還有一個私家花園，徜徉其間自然會別有一番風味。

這座官宅入口處的門屋毗鄰「趙太丞家」醫館，部分廊屋也與其醫館交相錯落。從官宅形制看，主人並非是什麼身居要職的大官，與趙太丞的身分地位也較為符合。

CP值高的小診所

「趙太丞家」醫館水準高，條件好，自然不是尋常百姓能夠消費得起的，不過城中卻也有物美價廉的小診所，若是平日裡有個頭疼腦熱的，去那裡就醫也是個不錯的選擇。

《清明上河圖》中繪有一處楊家診所，位於「孫羊正店」後面那條街上，門口立著寫有「楊家應診」字樣的招牌，有一個醫生正站在診所門口等待前來就診的患者。

一名家長拉著一個小女孩前來就診，不過家長的身子卻被高大的牌匾擋住。那個小女孩不停地向後觀望，似乎並不想去就醫，甚至還想掙脫家長的大手。

診所門口站著兩個人，似乎正在交談。右側那人的裝束與門口站著的那個醫生的服飾相仿，應該也是一名醫生，可能是在與患者討論病情，抑或叮囑用藥的注意事項。

屋內陳設比較簡陋，只有條桌和條凳，乍一看還以為是一家小餐館，直至看到「楊家應診」的招牌才確認這裡居然是一家診所。或許是租用後並未進行大規模改造，這裡仍舊保留著原來的布局結構。

雖然楊家診所的價格比較親民，但很多底層百姓依舊承受不起，若是病了只能去尋走街串巷的行醫，還有專門穿行在城郊和農村的村醫。

在《灸艾圖》中，一個面容消瘦的老婦人死死地攥著老漢的一隻胳膊，臉上卻露出幾許憐憫和心疼。她身後那個少年攥著

❶ 正在交談的醫生與患者
❷ 不願去就診的小女孩
❸ 正在門口等候患者的醫生
❹ 寫有「楊家應診」字樣的招牌

「王員外家」旅館

老漢的另一隻胳膊，因不忍見到老漢受苦，刻意將臉隱到老婦的身後。老漢側面那個少年死死按住他的身子，睜著一隻眼，閉著一隻眼，也是不忍直視。

老漢的一條腿向前伸

（北宋）李唐《灸艾圖》（局部）①

（北宋）李唐《灸艾圖》（局部）②

著，老婦人和他身後的那個少年伸出腳死死踩著老漢的腿。老漢雙目圓瞪，張著嘴巴，似乎在聲嘶力竭地叫喊著，繃緊的肌肉、散亂的衣服、緊皺的眉頭都表明他已然是痛苦至極。

為老漢診治的是一個鄉村醫生，所穿衣衫已然有些破舊，行醫生涯的艱辛也使得他的背有些駝了。他正在聚精會神地為病人灸艾，將用艾葉製成的艾條點燃後放在病人的背上，產生的熱刺激著病人後背上的穴位，透過激發病人體內的經氣來達到治病的目的。他用手中的工具不停地撥動著病人背上燃燒的艾條，嘴裡似乎還一直喃喃自語，可能在說著什麼安慰的話語。一個小學徒站在他的身後，手裡捧著一大帖膏藥，不停地呵著熱氣，等灸艾一結束便貼到病人的瘡口上去。

正是因為大宋有了千千萬萬個這樣的鄉村醫生，不計其數的貧困患者才得以擺脫疾病的困擾！

香氣撲鼻的藥鋪

劉家香鋪門前豎立著一塊高大的招牌，上面寫著「劉家上色沉檀楝香」，但「鋪」字卻被一輛獨輪車遮擋。香鋪大門上方的橫匾額上有一行字，不過卻因畫作年代太過久遠而難以辨認，只有「沉檀、丸散、香鋪」等幾個字依稀可辨。

「十二經絡擇一行，君臣佐輔辨分明。各取芳草馨香氣，納盡五行香自靈。」宋代香鋪所賣的香料絕大部分都可以入藥，因此常常被稱為「香藥」，多達一百餘種，丁香、檀香、麝香、乳香、沉香等散發著不同香氣的香料都是治病救人的藥品。

宋代香藥往往都比較名貴，絕大部分都需要從東南亞、印度、阿拉伯等地區進口，進口的途徑主要是朝貢貿易和民間貿易。

周邊小國來大宋朝貢時常常會帶來香藥等土特產，大宋朝廷收下貢品後往往會賜給對方價值相當的物品。不過偏安江南的南宋朝廷卻較為拮据，於是便想出了一個新辦法：外國

❶ 劉家上色沉檀楝香鋪

劉家香鋪

使臣上貢的物品，朝廷只留下十分之一[11]，剩餘的十分之九交由市舶司和地方政府收購或者委託其對外銷售，如此一來朝廷便節省了不少開支！

香藥的民間海上貿易比較興盛，不過卻也是危險重重，時不時便會遇到颱風風暴，還有神出鬼沒的海盜、體形碩大的鯊魚，因此從事海上貿易的都是大商船，而且多是結隊遠航。為了分散風險，也為了籌集資金，海外貿易大多採用合夥經營的方式，正是這些大商船將各式香藥源源不斷地運回大宋！

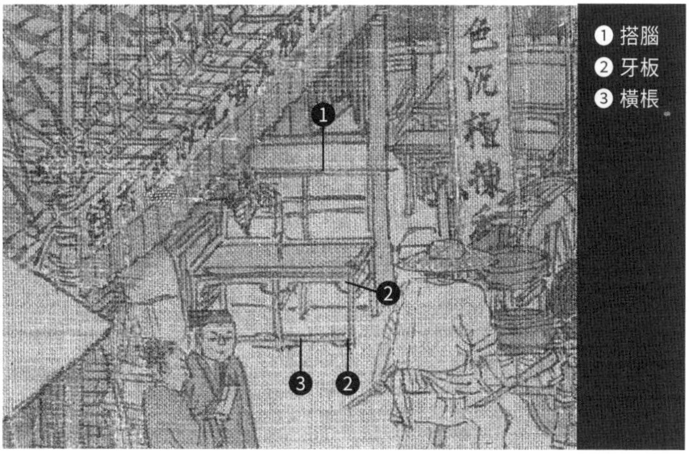

劉家香鋪中擺著《清明上河圖》中唯一一把雙人連椅，造型獨特，用料考究。搭腦兩端出頭，連椅的兩腿上端設有牙板，前面和兩側均有橫棖，棖下還設有牙板，不過後側卻並無橫棖。這把雙人連椅與明代雙人玫瑰椅樣式相仿，兩者的區別在於明代雙人玫瑰椅採用的是步步高趕棖。

從傢俱擺設來看，這家香鋪應該是一家很高檔的香

11 （清代）徐松《送會要輯稿・蕃夷四》。

藥鋪，主要客戶絕非普通老百姓，而是開封城中有身分、有地位的人。

在清院本《清明上河圖》中，有家臨街小店的門口掛著「專門接骨」的招牌。其實宋代醫學九科之中並無專門的骨科，骨科疾病的診療歸屬瘡腫兼折傷科，到了元代才單獨設立正骨科，明代將正骨科改為接骨科。

這家骨科診所門外的大街上有一人正背著一個受傷的大漢，似乎在向路上的行人詢問著什麼，而那個行人將手指向了這家骨科診所。

這家骨科診所不遠處有一家藥店，店門上方的匾額上寫著「本堂法制應症煎劑」八個大字。朝廷對藥店發售的熟藥、成藥的成分、劑量及其炮製方法均

清院本《清明上河圖》中的骨科診所和藥店

有著嚴格規定，這樣才能保證藥物品質；「法制」說明這家藥店賣的藥都是按照國家規定生產的合格藥品。

這家店鋪的側面還立著一塊招牌，寫著「本堂發兌川廣地道藥材」。四川、廣東、廣西的藥材以質好量多而聞名於世，各地患者都傾向於購買產自川廣的藥材。

店內櫃檯附近有兩個夥計，一個站在內側，一個站在外側，正忙著招呼店內的客人；店內還有一名夥計坐在凳上，似乎正在研磨藥材。店門前停著一輛車，一人正從車上搬下剛進的藥材。

為了應對激烈的商業競爭，針對細分客戶的專業化藥店也開始出現。在明代仇英創作的《清明上河圖》中，繁華的街市上便有一家專門針對小兒用藥的藥店，門前放著「小兒內外方脈藥室」的招牌。

青樓對面還有一家成人藥店，門前放著「男女內外藥室」的招牌，門上還貼著一副對聯，上聯因有遮擋只能看清「傳世火」三個字，下聯是「紅杏得春多」，這家藥店究竟賣的什麼藥恐怕也就不言而喻了！

為了滿足不同群體的需求，開封城中還有一些主要面向工薪階層的小藥鋪，甚至還有許多擺攤賣藥的小販，《清明上河圖》中便繪有一位老者正擺地攤賣草藥，周圍圍滿了人，賣藥老人正在不厭其煩地介紹著自家草藥的種種功效。

宋代藥鋪不僅門類齊全而且劑型齊全，有湯劑（即湯藥）、丸劑（即藥丸）、散劑（即藥末）、膏劑（即膏藥）、丹劑（即煉製的丹藥）、酒劑（即藥酒）、藥茶（即保健茶）等七種之多，有化痰止咳的，有補中益氣的，有去熱解表的，有祛風祛濕的，還有

（明代）仇英《清明上河圖》中的小兒藥店

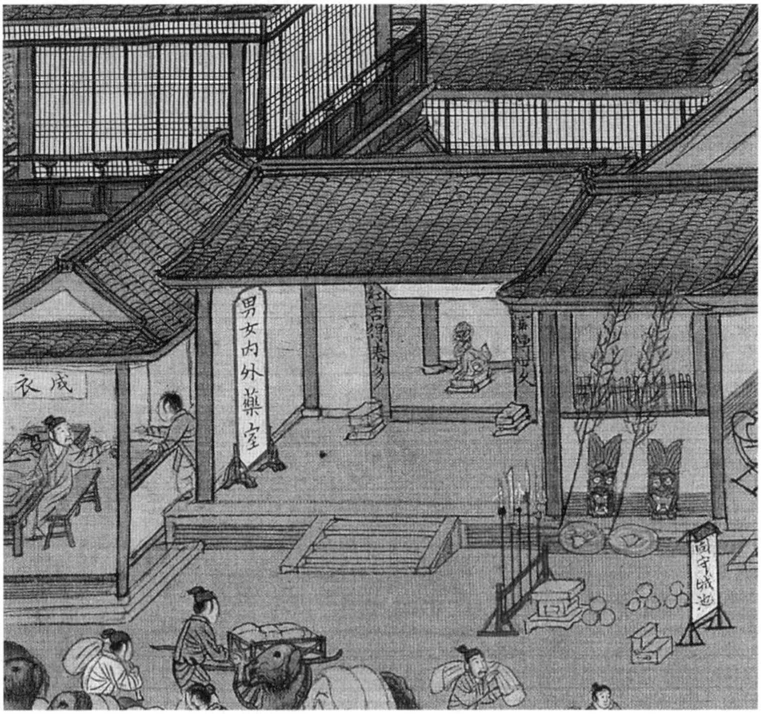

（明代）仇英《清明上河圖》中的成人藥店

驅除蚊蟲的，可謂是應有盡有！

宋代還設有中國第一個，也是世界上最早的官營藥房——市易務賣藥所，從藥材的收購、檢驗、儲存、保管到中成藥的研發、製作、出售，均有專業資深人士把關。蘇合香丸、紫雪丹、至寶丹等宋代中成藥時至今日仍在使用。

藥品可不同於普通商品，關係到百姓的生命健康，所以賣藥所內部有著嚴格的管理制度，保障賣出的藥品品質上乘，藥效可靠。賣藥所還實施藥品品質檢查制度，對於過了保質期的舊藥一律丟棄不用，堅決不允許以次充好，濫竽充數，對出售偽造藥品的人員給予嚴厲處分；還制定了夜間輪流值班制度，保障急症患者夜間的用藥需要。如果值班人員怠忽職守，將會給

予「杖一百」的處罰。

北宋熙寧九年（西元一〇七六年），神宗皇帝趙頊撤銷了賣藥所等機構，在太醫局下設熟藥所[12]，承擔藥品銷售職能。熟藥就是能夠直接服用並且容易保存的丸、散、膏、丹和藥酒等中成藥，比那些需要回家熬製的生藥更為方便，廣受百姓好評，熟藥所經營第一年便取得兩萬五千貫的收入。

北宋末年，負責賣藥的熟藥所增加到五家，負責藥物生產的藥廠修合藥所增加到二家，每年的收入增至四十萬貫。後來熟藥所升格為醫藥惠民局，修合藥所升格為醫藥合劑局，成為太府寺的直屬機構，如此一來便與曾經的上級單位太醫局平級了，機構規格提高後也可以更好地滿足開封百姓的用藥需求。

第三節　金融行業有創意

紙幣的出現

在宋代，搬運銅錢可是個體力活，因此在一定程度上給商業活動的正常開展帶來了不便。四川地區使用的是價值更為低廉的鐵錢，因此尋找更為輕便的貨幣的需求也更為迫切。

五代十國時期，前蜀和後蜀先後統治四川地區，隨著經濟的發展，銅錢供應已經難以滿足百姓需要，只得用價格更為低廉的鐵鑄造了一部分鐵錢。不過鐵錢卻主要在四川邊遠地區流通，以成都為中心的經濟發達地區仍舊以銅錢為貨幣。

後來後蜀被北宋所滅，當地本就不夠用的銅錢幾乎被洗劫一空，又禁止外地銅錢流入四川，

12 （南宋）李燾《續資治通鑑長編》。

十千腳店門前運送銅錢的串車

以至於當地商業活動乃至日常生活都成了問題，只得繼續擴大鐵錢的鑄造量，四川成為一個以鐵錢為主要貨幣的特殊地區，不過嚴峻的問題也隨之而來！

後蜀時期，銅錢與鐵錢的兌換比例大致維持在四比十，等到後蜀滅亡後，隨著銅錢的大量外流，兌換比例迅速攀升到了一比十，私人黑市上甚至一度達到了一比十四，鐵錢的價值僅僅相當於後蜀時期的18％。

鐵錢的大幅貶值使得其購買力大打折扣。宋代標準銅錢重一錢，一貫錢足額是一千枚，重六斤半左右，雖然也很重，但相同購買力的鐵錢卻需要十四貫，重九十斤左右，相當於一個成年女子的體重。當時買一匹羅需要耗費兩萬鐵錢，重達一百三十斤。這要是想逛街買點布料，沒點兒體力可還真不行！

要是居住在城裡，雇人搬錢運錢還算便利些；若是住在交通落後的鄉下，要想進城買點布料，連雇人搬運鐵錢的運費都是一大筆支出。那些長途販運貨物的商販們更是為了運輸鐵錢而大傷腦筋，因為目標太大很容易被劫匪盯上。不過劫匪們同樣面臨著搬運難題，打劫之後累得跟孫子似的！

一些在成都享有很高聲譽並且在周邊州縣又開有許多分號的商家看到了其中蘊含的巨大商機，於是便邀請自家客戶將笨重不易運輸的鐵錢就近存在自己分號，由這個分號出具一張取錢憑證，客戶拿著這張憑證可以隨時在當地或異地支取鐵錢，這其實就是銀行的存款和匯兌業務！

不過一個商家的力量畢竟有限，西元一〇〇八年前後，在益州知州張詠的積極支持下，成都商界領袖王昌懿召集十六家商號，共同發行了一種特殊的取錢憑證。交錢給取錢憑證，交取錢憑證給錢，因此便給這種憑證取名為「交子」。為了與後來官府發行的「官交子」相區別，往往稱其為「私交子」。

具有跨時代意義的紙幣的前身「交子」並沒有實物流傳下來，具體樣式也只是存在於文獻記載之中。交子上印有人物、房屋、樹木等圖案，有的用黑色印刷，有的用紅色印刷，不僅僅是為了好看，更是為了防偽——各家商號的隱祕記號就藏在這些複雜的圖案之中[13]。

持有交子的人可以在這十六家商號間進行通兌，不過每貫鐵錢卻要收三十文的手續費，十六家商號再根據交子上所留的隱祕記號進行資金結算。交子一經發行便廣受百姓商人的歡迎，業務也是蒸蒸日上！

由於客戶並不會選在同一天前來兌換現錢，因此那些經辦交子的商號裡時常會堆放著大量閒置不用的錢，一些精明的商人便打上了這些錢的主意。

13 （南宋）李攸《宋朝事實》。

每到夏秋之際，很多商家便會大量收購蠶絲、糧食，若是自家或者其他家資金緊張時，他們便會自行印製一些交子。雖然這些交子並沒有與之對應的現錢，但錢庫之中那些暫時還沒人前來匯兌的錢卻可以作為支付後盾，也不至於造成擠兌危機，這番操作下來便如同開了一個印鈔廠，讓商家迅速攫取了驚人的財富，也使它們變得越來越貪婪。

隨著交子發行數量的急劇攀升，終有一日將超過自身的兌付能力，到時那些無力償付的商家只得選擇關門大吉。那些客戶見自己的血汗錢竟打了水漂，自然不肯善罷甘休，於是便懇請官府出面解決。官府被此起彼伏的兌付危機搞得焦頭爛額，忍無可忍之下只得下令王昌懿等人不許再印交子，所有印版統統銷毀，剛剛嶄露頭角的交子很快便遭遇了滅頂之災！

交子被取締後，四川百姓不得不再度面對鐵錢運輸難的問題。經過一番論證，朝廷決定將交子由民辦改為官辦。西元一〇二三年，「益州交子務」正式成立，次年世界上第一張由官方正式發行的貨幣「官交子」也應運而生了！

「官交子」究竟是什麼模樣呢？二十世紀三〇年代初，古董商們發現了一塊印刷用的銅版，但此後卻消失不見，後經證實流入了日本。這塊銅版印刷出來的圖案有三部分，最上面畫了十枚銅錢，每枚銅錢代表一陌錢；中間還有一段文字：「除四川外，許於諸路州縣公私從便主營，並同見錢七百七十陌流轉行使。」下部繪有糧倉，糧倉前面堆著一些麻袋，有人正在搬運麻袋。由於流通區域並不包括四川，這塊銅版顯然並非是印刷官交子的印版。

一貫錢為十陌，一陌本應是一百文，也就是一百枚銅錢，但宋代卻使用省陌法，也就是每陌要省去若干文。在宋代，官方規定每陌為七十七文[14]，那塊銅板上特別說明一貫為七百七十錢，恰好與北宋官方定價相吻合。「路」是宋代首創的行政區域名稱，雖然元代也設「路」，但「路」卻不再是省一級而是被降為地市一級，顯然無法與四川並列，因此這的確是一塊宋代銅板。

由於在四川發行官交子取得了巨大成功，交子也開始在其他地方發行，徽宗皇帝在位期間，其使用範圍也擴展到了全國，不過卻只有四川地區仍舊稱交子，其他地方稱其為錢引。因此，這塊銅板應該就是其他地區印刷錢引時使用的印板。

14 （宋代）孟元老《東京夢華錄・都市錢陌》。

官交子上通常還會加蓋有交子務和其他官府的官印，代表著國家信用，同時還會留有存根，兌現時要核對存根，從而防止偽造。

私交子更像是存單，並沒有固定面額，你存多少錢便在交子上寫多少。但官交子卻有固定面額，起初從一貫到十貫共有十種，後來簡化為五貫和十貫兩種，再後來又變為一貫和五百文兩種，與如今的紙幣已然很像了！

官交子還會標明界數，也就是屬於第幾期，每一期通常為三年，到期後官府將會予以兌現。如若持有人暫時並不想兌換成現錢，也可以選擇以舊換新，不過卻需要交一定的成本費。

官府為此專門下撥了三十六萬貫鐵錢作為官交子的準備金，每期發行額度限定為一百二十五萬餘貫，相當於準備金的三．四七倍。這個比例可不是拍腦門隨便定的。近代銀行成立後，經過科學測算和經驗總結，流通票券與準備金的比例維持在三倍至四倍之間時會使得金融市場保持良性運轉。宋代那些負責交子發行的官員們居然也神奇地掌握了紙幣流通的基本規律。

不過官交子很快便遇到了信用危機。當時北宋與強勢崛起的西夏全面開戰，大批軍隊雲集陝西境內，所需軍需物資數量巨大。由於朝廷在財政上已然捉襟見肘，便大肆鼓勵商人們向陝西運送糧草。見很多響應號召的商人都來自與陝西臨近的四川，朝廷便動起了歪腦筋，只給付那些商人官交子而並不給現錢。

隨著時間的推移，官交子的發行數額如同滾雪球般越來越大，處於超額發行狀態。此時朝廷卻既不設法補救，也不選擇收手，反而想透過不斷增發來解決日益嚴重的財政困境。不計其數的商人拿著官交子去四川兌付時才驚奇地發現，原本信譽極好的官交子居然根本無法兌換現錢，但既然已經上了賊船，又豈能輕易下來。

朝廷對此也使出了「拖」字訣：雖然暫時還不能兌換成現錢，卻可以無償地兌換成下一期官交子，甚至有時兩期官交子同時流通，導致其實際價值大幅貶損。不過官交子之所以會大幅貶值，除了超發之外，還因為市場上充斥著大量偽造的假交子。

紙幣的防偽技術

紙幣的雛形私交子自誕生之初便面臨著不斷被偽造的嚴峻挑戰，一些膽大妄為之人大肆偽造私交子，即便被識破依然會惡意提起訴訟，以至於涉及私交子兌付的官司變得越來越多[15]。

後來官府主導的官交子發行之後，偽造者們不僅沒有偃旗息鼓，居然還變本加厲，以至於到了北宋慶曆年間（西元一〇四一——一〇四八年），偽造的官交子在市場上大

15 （宋代）李攸《宋朝事實．財用》。

行其道，屢禁不絕，仁宗皇帝趙禎甚至都想過要停辦官交子，可見當時偽造現象的嚴重。

後來南宋在東南地區發行的會子同樣被不法之徒大肆仿冒偽造，主要的作偽手段有以下三種：

第一種是「偽造新會」。不法之徒按照朝廷發行的會子版式描摹、雕刻、印刷，然後再加蓋官府印章，也就是全套作假。

第二種是「揩改舊會」，即在真會子上做手腳。有的會子已經過了有效期，但透過修改界數可使其繼續流通；有的是塗改面額，將低面額的會子篡改為高面額的會子。

第三種是「盜賣會底」。負責會子印刷事務的官吏利用職權將尚未加蓋官印的會子（稱為會底）偷偷轉賣給不法之徒。由於會底上要加蓋印文為「某某年號尚書戶部官印會子之印」的官印才能正式流通，因此不法之徒得到會底後私自刻制官印並加蓋在上面[16]。透過這種方式偽造的會子最難被識破。

面對不斷花樣翻新的偽造手段，大宋朝廷又該如何應對呢？

第一招是加大懲處獎勵力度。北宋時期，偽造交子的罪犯會被流放到四川之外，告發者獎勵五百貫。後來交子的使用範圍不再僅僅局限於四川，偽造交子的罪犯改為流放兩千里。徽宗皇帝趙佶在位時將流放距離增至三千里，如果所造錢引（即交子）已經投入使用將會被處死。

到了南宋時期，膽敢偽造會子的犯人一經發現，不論使用與否一律處死，告發者賞錢增加到了一千貫，不願要錢還會授予進義校尉。元豐改制後，有品級的武官階共有五十二階，除此之外還有八階並沒有品級，而進義校尉位列第五十四階，只需再晉升二階便可跨入正式武官的行列。

無論是參與犯罪的人，還是包庇窩藏的人，只要能夠主動告發，不僅罪行會被赦免，還會得到相應的獎勵。

不僅是偽造會子，即便是偽造會子所用紙張也屬於犯罪，將會被判處有期徒刑，甚至還會被流放。

上述懲罰措施均出自南宋的禁偽賞罰敕文，原文足足有五十六字之多，居然全都印在會子之上，不知那些不法之徒偽造會子時，終日看著這些懲治犯罪的敕文會有何感想？

第二招是提高紙幣印製品質。朝廷設置抄紙院，將貨幣用紙的經營權統一收歸官營，希望借此徹底封鎖民間偽造紙幣的紙張來源。會子紙張先是選用徽州和池州產的紙，後改用成都產的紙，又改為臨安（今浙江杭州）產的紙。

徽宗皇帝趙佶在位時製造的錢引會用到六顆印，分為三種顏色而且還有特定順序。

16 （元代）脫脫等《宋史・食貨下三》。

最上面是界數（朝廷發行的第幾期錢引），接著依次是年號、貼頭、敕字花紋印、青面花紋印、紅團故事印、年限花紋印、背印（分為一貫和五百文兩種），最後書寫額數（發行總額度）。如此精美複雜的雕版以及套色印刷技術，民間一般很難仿製[17]。

宋代紙幣有效期通常為三年，三年一到便會發行新幣，收回舊幣，那些偽造的紙幣過了有效期無疑也會自動失效。

第三招是加強貨幣發行管理。運用職務不相容的管理原則，朝廷分設紙幣印製官員和幣紙製造官員，使得他們互相牽制監督，即便有人膽敢私自印刷會子也勢必會留下蛛絲馬跡，可以透過這些線索抓獲犯罪嫌疑人。

宋代紙幣都設有效期，到期之後強制作廢。當舊幣發行期限屆滿後，必須要強行兌換新幣，這時官吏必須嚴格鑒別舊幣的真偽。當會子換界時，通常會設內外兩場官吏分別進行鑒定，以防有人渾水摸魚。

紙幣的崩潰

南宋偏安江南，政府信用雖然一落千丈，卻仍舊對能夠緩解財政困境的紙幣念念不忘，起初想重新發行交子，卻因遭遇強烈反對而作罷，只得改為發行關子。

如今「賣關子」比喻在緊要關頭設置懸念或故弄玄虛，但實際上「關子」最初是南宋發行的類似紙幣的有價證券。

南宋紹興元年（西元一一三一年），婺州（今浙江金華）屯駐了大量官兵，需要採購大量軍需物資。可婺州卻並不通水路，運送銅錢又十分不便，於是便發行了「關子」，面額從十貫到一百貫共分為五等，有效期為三年。

商人們將軍隊所需物資送達婺州後並不會獲得現錢，只會得到關子，不過卻可以前往南宋都城臨安找榷貨務進行兌換，既可以兌換現錢（通常為一半銅錢一半白銀），也可以兌換鹽引、茶引、香料引等鈔引，持有這些鈔引可以在指定地點兌換相關物品。[18]關子比交子的進步之處在於不僅能兌換現錢，還能兌換物品，類似於如今海上貨物貿易提單和銀行大額存單的混合體。

為了完成績效指標，州縣往往會強制攤派關子，而關子兌付時又會受到諸多限制。對於那些找上門來要求兌付的商人們，榷貨務明確表示只會將每天所收現錢的三分之一用於兌付，超過了這個限額便只能等到明天再來兌付，以至於「明日復明日，明日何其多」！

為了擺脫關子帶來的匯兌困境，南宋紹興三十年（西元一一六〇年），朝廷開始發行

17 （元代）費著《楮幣譜》。
18 （元代）脫脫等《宋史・食貨下三》。

新紙幣會子。其實只有會子才稱得上是真正意義上的紙幣，因為會子根本不用像交子和關子那樣兌付現錢，發行之初的定位就是成為能夠代替銅錢並直接使用的紙幣。

朝廷規定不通水路的地方給朝廷的上供錢允許全額使用會子，而長江沿岸可以按照現金、會子各一半的方式上繳稅款。民間買賣田地、住宅、牛馬、舟車准許全額使用會子。

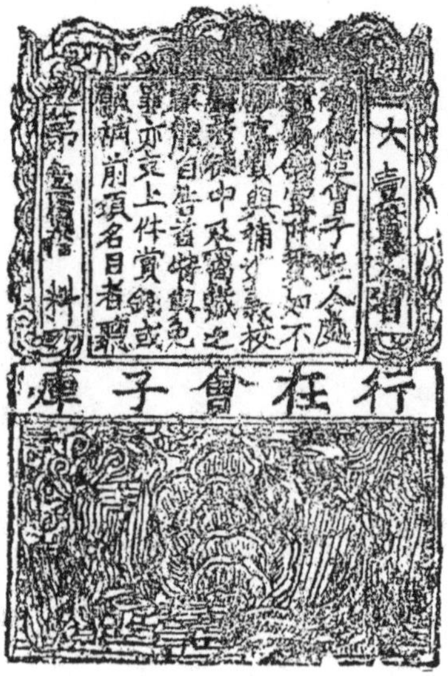

會子起初並未設定使用期限和發行額度，但眼見著通貨膨脹越來越嚴重，朝廷只好設定每一期會子的使用期限為三年，發行額度為一千萬貫，幾乎相當於四川「官交子」發行額度的十倍。

隨著南宋與強悍的蒙古人之間的戰事變得曠日持久，南宋的財政狀況也變得越來越糟，只得無限制地發行會子，以至於每一期會子的使用期限變得越來越長，如南宋端平元年（西元一二三四年）發行的第十七期會子使用期限居然長達三十年之久。

由於使用期限越來越長，朝廷又允許多期會子同時在市場上流通。等到南宋淳祐六年（西元一二四六年）的時候，社會上投放的會子總額已然達到了驚人的六億五千萬貫，也就是當初發行限額的六十五倍之多，但朝廷的準備金卻並沒有相應的增加，同時社會上還充斥著大量偽造的會子，會子儼然就成了廢紙一張，比如第十八期會子兩百貫居然連一雙草鞋都買不到。嚴重的通貨膨脹使得南宋經濟到了瀕臨崩潰的境地，覆亡的喪鐘也就此敲響！

第四節　各式服務有處尋

仲介服務找牙人

在《清明上河圖》中，虹橋上有兩個人衣服袖子特別長，城中也有一人的袖子特別長。他們可不是買衣服買大了，也不是穿別人的衣服不合身，這其實就是他們的職業裝。

這些人是宋代的牙人，如今被稱為仲介或經紀人。他們的袖子之所以會比較長，是為了便於他們在袖子裡不露聲色地伸手指頭，暗中算計算計，心中盤算盤算，撮合買賣雙方順利成交，自己也可以順利賺到佣金，也就是「牙錢」或「牙契錢」。

隨著商品經濟的發展和法律意

虹橋上的牙人

識的增強，幾乎所有行業、領域都能見到牙人的身影。牙人看似動動嘴皮子就能賺到不少錢，其實風光之中卻藏著種種艱辛和不易。

牙人這個職業有著很高的門檻，要想成為牙人，必須有兩到三人為其提供擔保，官府審核透過後才會發放木質身牌，上面通常會寫明牙人所在地區、職業領域、管理機關等從業資訊，相當於他的職業資格證書。開展業務前，牙人需要先出示自己的身牌，即便自己不主動拿出來，很多客戶也會要求牙人出示。朝廷還要求所有旅店都要向客商特別叮囑：只能與有身牌的牙人進行交易。[19]

官府對不同領域的牙人還有著年齡、健康程度以及資產狀況等方面的要求，若是違反將會受到嚴厲懲處，如年齡限制通常為不能超過七十歲，如果超齡仍舊充任莊宅牙人（即房地產經紀人）將會受到「杖一百」的懲處。[20]引領牙人（即海外貿易經濟人）和物力保識牙人（即擔保業務經紀人）

城內大街上的牙人

19 （北宋）李元弼《作邑自箴・處事篇》。
20 （南宋）謝深甫《慶元條法事類・刑獄門・老疾犯罪篇》。

有時會承擔一定的賠償責任，因此對這類從業人員還有資產方面的要求。

牙人要對所在行業有深入的瞭解，掌握買賣雙方的大量資訊，對交易過程中的法律事項和納稅政策要瞭若指掌，否則很難獲得客戶的信任，也很難在這個行業中生存下去。根據宋代法律，如若買賣雙方願意直接達成交易，牙人不得強行阻攔，因此牙契錢可不是那麼好賺的。

牙人之所以能夠在買賣雙方的夾縫中生存下來，是因為他們在買賣雙方訂立契約的過程中有著不可替代的作用。牙人聯繫面廣，認識人多，委託牙人將會大大增加成交的機會，同時也會減少交易風險。如果你想雇個歌童、舞女、廚娘、使女、馬夫，若是此人品行不端，那麼便後患無窮，而委託相關領域的牙嫂、牙婆去找，很快便能找到稱心如意之人。

牙人在交易過程中不僅會居中說合，敦促雙方簽訂合同，還會對雙方的定價產生重要影響。不過牙人也是良莠不齊，常常會做坑蒙拐騙、擾亂交易秩序等違法之事，於是朝廷專門公布了《牙保法》。如若違反誠實信用原則，牙人不僅要全額退賠侵吞的財產，還要承擔相應的刑事責任；如若牙人與賣方勾結貨賣兩家，也就是「重疊典賣」，使得買方利益受損，而自身獲取非法利益，將會按照盜竊罪論處，可見日趨完善的法律對規範行業發展起到了積極作用。

占卜前程去卦攤

大街上的涼棚底下有一處卦肆，棚簷上掛著三塊招牌，分別為神課、看命和決疑。神課就是幫助客人預測吉凶禍福；看命就是依據天干地支排列成四組八個字來推斷一個人一生的命運；決疑是當事人有什麼疑惑不決之事，透過占卜、算命、看相、測字等方式為其指一條明路。

涼棚底下，一位頭戴儒冠、身穿長袍的算命先生坐在一把靠背椅上，面前還擺著一張桌案，形制類似於四屜桌。

桌案前面和側面各擺著一把條凳，正面並無橫棖，側面各有一根橫棖。一位老者端坐在長凳之上，希望

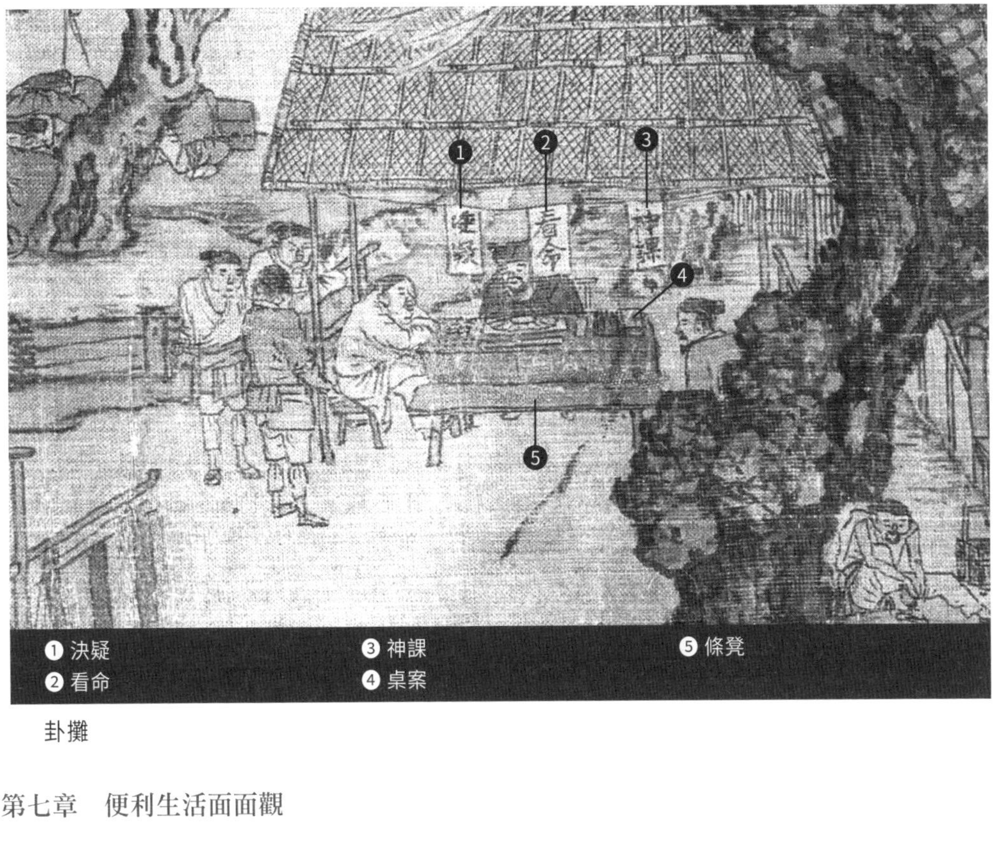

卦攤

算命先生能夠為自己指點迷津，另外還有三人站在他的身後，可能是等待占卜之人，也可能是閒來無事看熱鬧的人。算命先生故弄玄虛地說著，老者和他身後的三人在專心致志地聽著，樹下還有一人向著卦攤方向望去。

東京大相國寺是開封城中卦攤最為集中的地方，很多聲名鵲起的術士甚至會「一卦萬錢」。

奸相蔡京第四子蔡絛在流放白州（今廣西玉林博白）期間所作的筆記《鐵圍山叢談》中曾詳細記載了徽宗皇帝趙佶早年算卦的一段傳奇經歷。他的父親蔡京曾四次為相，可謂是徽宗皇帝的寵臣，此事或許是他聽自己的父親蔡京講的。

趙佶還是端王的時候，府上屢屢出現祥瑞之兆，於是便暗中派遣一個聰明伶俐的小宦官帶著他的生辰八字前往大相國寺。那個小宦官在寺中找了好幾個算卦的術士，卻都是些混吃混喝的江湖騙子，就在他灰心喪氣準備離開的時候，偶遇一位衣衫襤褸的術士，猶豫許久才抱著試一試的心態走上前去。

那個術士名叫陳彥，聽小宦官報完生辰八字後居然意味深長地說：「此乃天子之命，絕非是你的命！」那個小宦官沒有料到眼前這個其貌不揚之人居然能夠洞穿一切，於是便迅速離開了。

那個小宦官返回端王府後便將此事原原本本地稟報了趙佶。趙佶聽完之後也是一愣，思慮良久後命那個小宦官再去一趟相國寺，將涉及自己的所有情形都毫不隱瞞地告訴陳彥，請他來為自己占卜一下未來的命運。

次日，那個小宦官再次找到陳彥，將所有情形直言相告。陳彥聽完之後掐著手指頭緩緩道：「你回去之後稟告端王，他乃是天子之命，望其多多保重！」

端王趙佶是神宗皇帝趙頊的第十一個兒子，他的哥哥趙煦早已登基稱帝，史稱「宋哲宗」。即使哥哥駕崩了，皇位也應傳給哥哥的兒子。對於趙佶而言，登基稱帝原本是個遙不可及的夢，但歷史卻往往極具戲劇性！

轉年，也就是元符三年（西元一一〇〇年）正月，正值壯年的哲宗皇帝趙煦突然駕崩，兒子趙茂又早早夭折，趙佶幸運地成為帝國新皇帝，陳彥這個江湖術士的命運也隨之徹底改變，最終位至節度使（從二品）這樣的高位。不過曾經位高權重的節度使，此時已然淪為僅僅代表品級並據此確定待遇的寄祿官，但在武官階中卻僅次於正二品的太尉，雖說並無實權，卻也是極為顯赫。

正是因為有了許多真真假假的傳奇算卦故事，宋人才會對相命算卦如此癡迷，急切地想要透過術士之口來預知自己的未來！

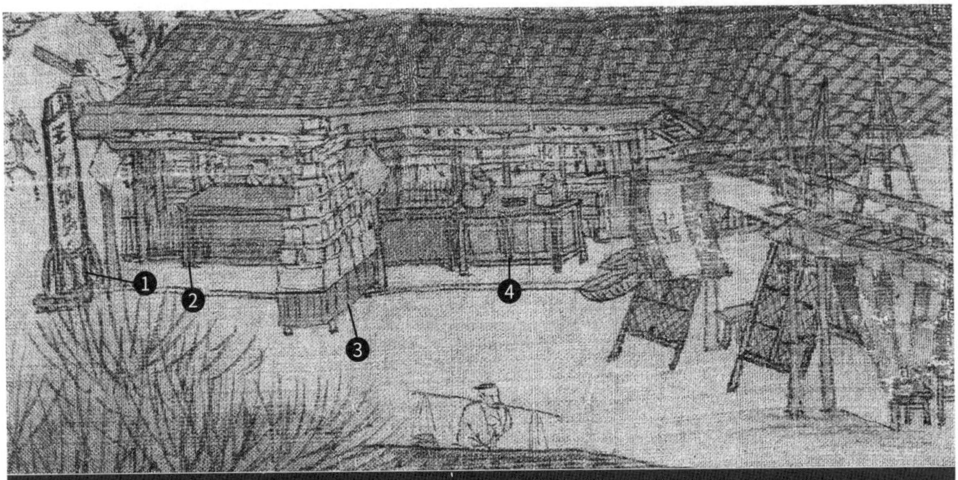

王家紙馬店

殯葬服務一條龍

離繁忙的汴河碼頭不遠的地方有一家王家紙馬店。宋人祭祀時離不了紙馬，紙馬其實就是在冥紙上畫上神像，再塗上花花綠綠的顏色，以供祭祀祭奠時焚燒之用。

清明節、中元節等節日前後，宋人通常都會祭拜逝去的親人，此時也是紙馬店最為紅火的時候。王家紙馬店內有用各式紙馬堆成的樓閣狀的冥屋，希望透過極具視覺衝擊力的冥屋向路人們無聲地宣告：走過路過不要錯過，我家紙馬品質好，好看又耐燒，你值得擁有！

家中有人去世可是一件天大的事，在宋代有著極為繁複的禮節，主要分為喪禮和葬禮。喪禮就是為死者穿戴整齊，等待著親友們前來弔唁。喪禮結束後，葬禮究竟何時舉行卻是個未知數。

宋人往往會請風水先生為死者尋一處風水寶地，若是所尋的理想的下葬之地離家很遠，或者存在某種糾紛，抑或中間橫生變故，有時會導致死者幾年、十幾年甚至終身都難以下葬。

若是順利尋得下葬之地，接下來便是挖掘墓穴。尋常百姓人家就是挖一個大坑，隨後將棺材放入大坑之中用土埋上就行；有錢有勢的人家則要先挖墓道，然後再挖墓室，有時還會挖耳室，工程量甚為龐大，所需時日也很長！

除此之外，死者家人還需鑿制墓碑和墓誌銘，要是死者當過大官，還需在墓道中放置神道碑。墓碑上所刻文字通常都會比較少，一般只有稱呼和姓名，若是當官的還會刻上官職和爵位；有時也會設置墓表，簡要記述死者生平。墓碑和墓表通常會立在地面，墓誌銘和神道碑通常會埋在墓中，詳細記述死者生前的經歷，有時會有數千字之多。

等一切都準備停當後，死者家人邀請術士選一個可以舉行葬禮的黃道吉日。在葬禮前一日，親朋好友們還會到死者棺材前哭靈。

出殯當天，一行人會依次排隊，護送著棺材前往墓地，好讓死者入土為安。由於宋人崇尚薄葬，隨葬器物往往並不多，葬禮上所需明器大都是從紙馬店購置的紙製品，焚燒後便只剩下灰了，通常不會給後人留下太多有價值的文物！

從喪禮到葬禮，所需物品很多也很雜，不過卻並不要緊，類似王家紙馬店這樣專門從事喪葬的店鋪會提供全程一條龍服務，客戶只需進一家店便能買到所有想要買的物品，大的小的，貴的賤的，舊的新的，只有客戶想不到的，沒有客戶買不到的。團購業務可以使客戶少跑不少路，還能少花不少錢[21]。

除了喪葬用品外，喪禮和葬禮上的儀仗、隨從的服裝飾品都可以租賃，根本無須自己事無鉅細去置辦，既省錢，又省時間。

若是想請僧尼或道士做法事超度或者請術士相看風水寶地，出手闊綽的人可以到大相國寺等名聞天下的寺廟道觀之中去請名僧、名道、名尼、名術士，經濟拮据之人也可以在清晨時分到橋市或街巷口去臨時僱傭，不過魚目混珠假冒者大有人在，你可要睜大自己的眼睛！

城門邊的美容美髮店

在《清明上河圖》中，城樓南側緊靠牆腳的地方有一個臨時搭建的方形涼棚，中間用一木棍支撐著，木棍下方綁在矮凳上，還有一短細木棍支撐著方棚的左前方，木棍上還掛著打成結的頭髮，作為營業的標記。

涼棚內坐著兩個人，一人穿著交領長衫，稍稍袒露著胸脯，頭微微向南轉，雙眼微閉；另有一個留著山羊鬍的老者，他的左手扶著那人的下巴，右手拿著剃鬚刀，小拇指稍稍翹起，正在為那人輕輕地刮面美容，這位老者便是宋代職業理髮師「刀鑷工」。

宋代的理髮師分為兩類，一類是掙辛苦錢的手藝人，租個門臉或者搭個棚子，為南來北往的人理髮修面，靠著自己的一技之長來養家糊口，《清明上河圖》中的理髮師顯然屬於此類；此外還有一類理髮師頭腦靈活，善於交際，藉理髮的機會攀附權貴，尤其是與貴族子弟們打得火熱，然後再趁機推銷插花掛畫等物品，說合些買賣，請這些有錢有勢之人為自己的私事打招呼、遞條子[22]。

城門邊的理髮店

21 （宋代）孟元老《東京夢華錄・雜賃》。

22 （南宋）耐得翁《都城紀勝・閒人》。

第五節 「解」字店有奧妙

鬧市區十字路口有一家店鋪，房前屋簷下伸出一根木杆挑著一塊方牌，上面用楷體寫著一個「解」字。敞開的門洞兩側斜倚著兩塊樣式相同的長方形豎板，上面有四個把柄，下端的兩個立在地上，上端的兩個高出屋簷。右側那塊豎板的後面還放著一個類似大桶的物件。這家店鋪頗為奇怪，只有門洞，卻既無門，又無扇，門洞內還放著一張條凳擋住了過道。

這家店的北面山牆外有一個用篾條編制而成的長方形涼棚，棚頂用木柱支撐，棚的一邊靠著山牆，另一邊伸向街面。棚下坐著一位老者，似乎正在說著什麼，周圍有很多人環繞著他，或坐或立，有的在認真傾聽，有的卻在竊竊私語。附近街上還有一位腳踏芒鞋的行腳僧人慢慢走過。

「解」字店

這家掛著「解」字招牌的店鋪究竟是一家什麼店鋪呢？學界一直眾說紛紜，接下來我們便一探究竟！

第一種說法是說書攤。老者是位說書藝人，圍著他的都是聽書人。但老者桌前卻並沒有什麼說書用具，那群人中雖有人在聽老者說話，但也有不少人在交頭接耳，不太像是說書的場景。

第二種說法是官府[23]。「解」字與「廨」字相通，而「廨」專指官府辦公之所。開封府位於御街西側的汴河北岸，開封縣位於舊城仁和門內，祥符縣位於內城安遠門外，均與《清明上河圖》中的這家「解」字店所處位置存在較大差異。

第三種說法是卦攤[24]。畫中的老者似乎在給眾人算卦，「解」或許便是解惑之意。其實《清明上河圖》中繪有卦攤，並非單單只寫一個令人生疑的「解」字，寫的是神課、看命和決疑。

第四種說法是鹽店[25]。宋人吃的食鹽有海鹽、池鹽、井鹽和崖鹽，開封一帶屬於池鹽

23 徐邦達《清明上河圖的初步研究》，《故宮博物院院刊》一九五八年第一期。

24 余輝《隱憂與曲諫——〈清明上河圖〉解碼錄》之「耐人尋味的結尾」，北京大學出版社二〇一五年版，第一六七頁。

25 河浚《鹽店與當鋪子——也談〈清明上河圖〉中的「解」字招牌》，《開封文博》一九九四年第一期。

銷售區，在開封城西的歸德坊專門設有都鹽院。池鹽主產地為解州（今山西運城），據此認定這家店鋪是一家鹽店。既然絕大部分鹽都產自解州，那麼用「解」來標明產地便沒有多大意義了，《清明上河圖》中所描繪的場景不似是鹽店做買賣時的場面。

第五種說法是解夏。[26] 按照佛教習俗，每年陰曆四月十五日至七月十五日，僧尼不得外出，應在寺院內坐禪學法，稱為「坐夏」或「度夏」等。等到七月十五日後，「坐夏」結束，稱為「解夏」。

「解」字店外恰有一僧人走過，此人身著破舊僧衣，手持響板和拂塵，肩頭背著竹製書箱。書箱上插著一根可以用來跋山涉水的拐棍，書箱的簷子向前伸出，可以為他遮風擋雨，簷子下面吊著一盞小油燈，以便行夜

❶ 走過的僧人　❷「解」字招牌

「解」字店

路時照明用。這個僧人形象與現存於西安慈恩寺內前往印度取經的唐代高僧玄奘的石刻像很像，據此認定此處為解夏之後舉辦的「解會」。

對於這位腳穿芒鞋的行腳僧人，有的學者認為他是打著響板在街上叫賣藥材或其他貨物，不過是恰巧經過那裡而已。

在《清明上河圖》中，汴河北岸便矗立著一座寺院，主門為單簷懸山頂，面闊三間，進深兩間，為「三解脫門」形制，象徵著空、無相、無作（也稱為無願）。主門建在台基之上，兩側有慢道。主門正中間為兩處補間鋪作，向外是兩處柱頭鋪作，再向外是兩處補間鋪作，最外側是兩處轉角鋪作，兩扇厚重的門板上有四行五列門釘。

主門兩側各開有一扇肋門，也是單簷懸山頂，不過規模要比正門小一些，各有一處轉角鋪作和柱頭鋪作，並無補間鋪作。底端採用極具宋代特色的「斷砌造」做法，基座分為左、右兩個部分並且設有立柣，中間可以放置活動門檻，取下後車馬可以自由進

「解」字店外的行腳僧人

26 孔慶贊《釋〈清明上河圖〉中的「解」字場景》，《開封大學學報》一九九八年第三期。

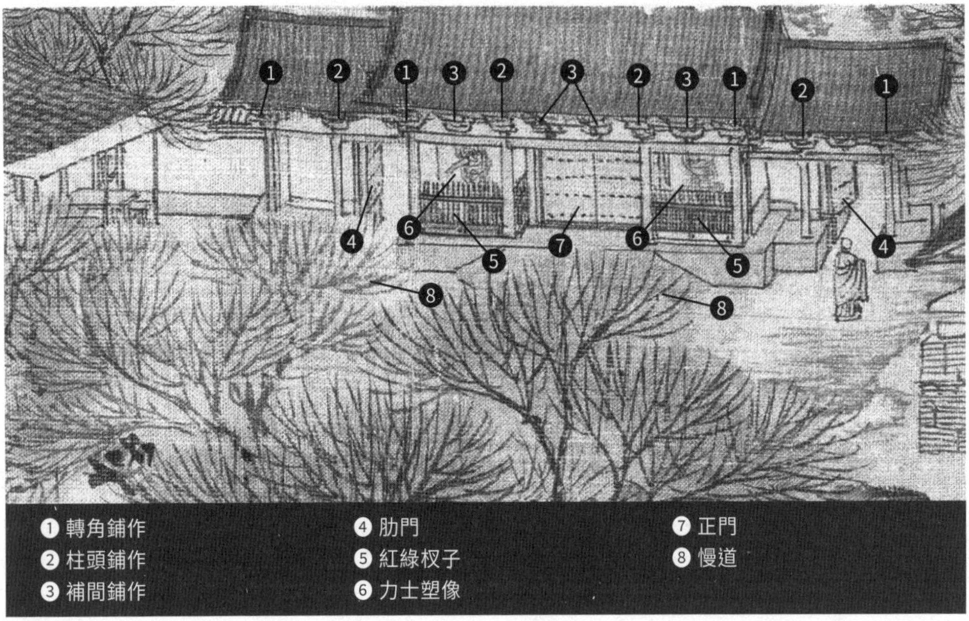

寺廟

出。正門簷廊外設有紅綠杈子，杈子後面有高大的力士塑像，看上去氣勢磅礴。

解夏本是寺院內部事務，即便會邀請部分信徒參加解會，通常也只會在寺廟內舉行。與這座寺廟相比，這家「解」字店未免有些相形見絀，應該並非是一座寺廟，寺院也不太可能專門在寺外租賃一個棚子來辦解會，那麼「解夏」之說就不太站得住腳了。

第六種說法是代辦運輸的店棧[27]。「解」字有押送之意，如押送犯人的差役通常會被稱為「解差」，運送草糧通常會被稱為「解餉」，據此認定此處是一所代辦運輸的店棧。

開封的糧食供應主要依賴於漕運，為了儲存漕糧，朝廷在東水門附近的汴河兩岸修建了元豐、順成、廣濟等糧倉。若是將糧食先從汴河糧倉運到城中的這處店棧再運往各處，豈不是很費時費力？況且「解」字店門口被桌凳擋著，並不通車馬，沒有任何代辦貨物運輸的跡象。

第七種說法是解庫[28]，這是目前的主流說法。解庫與當鋪職能類似，用物品來抵押換錢。當鋪前時常會掛一個「當」字，解庫前自然也就會掛「解」字。

其實無論是宋代孟元老所著《東京夢華錄》，還是北宋中期著名宰相王安石推行市易法時發布的法令，所稱均為「質庫」而並非「解庫」。直到南宋時期，北方人才習慣稱其為「解庫」，而南方人依舊稱其為「質庫」[29]。

質庫雖不似如今的銀行有著嚴格的保全措施，但因涉及銀錢的儲存和兌換，人們自然會在安全保衛上動一番腦筋。依據宋人話本整理的《古今小說·宋四公大鬧禁魂張》中便說質庫之中有陷馬坑，有惡狗，還有重重機關陷阱。《清明上河圖》中的這家「解」

27 張安治《為〈清明上河圖卷〉掛曆所作的說明》，中華書局一九八五年版。

28 朱家溍《關於〈清明上河圖〉中的「解」字招牌》，《故宮博物院院刊》一九六〇年第二期；劉坤太《〈清明上河圖〉中的「解」》，《河南大學學報》一九八七年第一期；周寶珠《〈清明上河圖〉與清明上河學》第五章《說「解」字招牌》，河南大學出版社一九九七年版。

29 （南宋）吳曾《能改齋漫錄·以物質錢為解庫》：「江北人謂以物質錢為解庫，江南人謂為質庫，然自南朝〔即（南宋）〕已如此。」

字店看上去很是簡陋，恐怕難以適應質庫經營的需要。

開封城內包括質庫在內的各行各業均有自己的職業裝。質庫掌櫃的標配是皂衫（即黑色短袖單衣）和角帶（即以角為裝飾的腰帶），不戴帽子[30]，而《清明上河圖》中的那位老者卻並沒有繫腰帶，頭上戴著包巾，與文獻中記載的質庫掌事的裝束有著較大差異。最為關鍵的是，圍著他的那群人全都是空手而來，根本不像來質庫抵押換錢花的人。

第八種說法是公證性質的書鋪[31]。這種書鋪雖是私人經營，卻需要得到官府的審核，獲得相應資質才能對外營業，主要承辦六項業務：代人起草訴訟狀、證明案件當事人供狀、驗證田產買賣契約、證明婚約、為參加銓試者和參選者辦理驗審手續，以及為參加禮部試的舉人辦理應考手續。

店鋪門口之所以會懸掛「解」字招牌是因為其經營項目與解額息息相關。宋代貢舉考試共分為三級，分別為發解試、省試和殿試。府、州一級地方政府和中央官學國子監都有資格組織發解試，但錄取名額（即解額）卻並非嚴格按照考生比例進行分配，更沒有考慮到不同地域文化教育水準的差異，造成了各地發解試難度不一的局面。

東南地區通常有兩三千人參加考試，錄取名額只有二三十人，可謂是百裡挑一；西北地方戰事連連，百姓尚武，參加考試的考生還不到一百人，錄取名額卻有十餘個，十人之中便可取一人，兩者居然相差十倍之多[32]，這也使得宋代「高考移民」問題很突出，假冒戶籍來都城開封參加發解試的考生甚至比正牌本地考生還要多[33]！

北宋天聖七年（西元一〇二九年），有官員向仁宗皇帝趙禎控告，開封府共計選送一千九百餘人前往尚書省參加進士科的省試，其中絕大多數考生都是假冒開封府戶籍[34]，還列出假冒戶籍人員名單，如王濟的哥哥王修己在開封買了十八畝田，獲得了開封戶籍（估計當時與今天的買房落戶政策差不多），王濟冒充王修己的兒子來開封參加考試；還有一個叫王宇的考生也以王濟家人的身分參加了考試，可見當時假冒開封戶籍參考的現象很是普遍。

仁宗皇帝趙禎得到奏報後震驚不已，隨即公布了極為嚴厲的懲戒措施——擁有開封戶籍並且實際居住七年以上的考生才能在開封參加發解試。由於開封城中有大量流動人口，很多人在開封長期居住卻並沒有獲得開封戶籍，這類考生需要向有關部門提出申請，並且承諾不再參加其他州府組織的考試。由於各州府舉行發解試的時間並不一致，

30 （宋代）孟元老《東京夢華錄．民俗》。
31 李合群《再釋〈清明上河圖〉中的「解」字招牌》，《中州學刊》二〇〇七年第二期。
32 （北宋）歐陽修《歐陽修集》。
33 （南宋）李燾《續資治通鑑長編》。
34 （南宋）李燾《續資治通鑑長編．天聖七年十一月庚午》。

朝廷此舉是為了防止同一考生在兩地參加考試。有關部門審核透過後，考生還需要請兩位京朝官作保，方可在開封參加考試。若事後查出其確屬假冒，這兩名作保的官員將會被治罪。其他寄居在開封的考生一律返回原籍參加考試。如若有人膽敢透過賄賂等非法方式「亂認爹」進而達到在開封參加考試的目的，一旦發現必將嚴懲不貸[35]。

雖然仁宗皇帝公布了極其嚴厲的懲戒措施，但考生假冒開封戶籍的現象卻仍舊屢禁不止，以至於哲宗皇帝趙煦在位時不得不公布了更為嚴厲的懲戒措施——凡是冒充開封府戶籍參加科舉考試的考生一經查實便給予「杖一百」的處罰，即便已經高中也會被直接取消錄取資格；凡是協助考生作假的官員、胥吏、里正乃至書鋪的工作人員都會受到嚴厲懲處。朝廷還專門設立了懸賞制度，凡是檢舉揭發事後查實的，將會給予五十貫的賞錢[36]。開封城中的底層百姓辛辛苦苦幹一天活，往往只能掙到一兩百文，五十貫相當於他們一兩年的收入，如此誘人的賞金怎會不令人不動心呢？可見朝廷為了打擊猖獗的「高考移民」可謂是下了血本！

因為假冒戶籍的考生很多，因此朝廷要求參加省試的考生需要先向書鋪投納文卷試紙，書鋪審核無誤並書押蓋印後才能送交考試主辦機構貢院。書鋪需要認真核對考生的戶籍地，是否真正透過了發解試（稱為「得解」），還會對考生進行相應的資格審查。

按照宋代規定，品行不良之人、正在服喪之人、工商業從業人員、曾受過刑事處罰之人、患有中風等嚴重疾病之人等都不具備考試資格，可由於當時交通、通信條件比較落後，一些考生心存僥倖，採取各種辦法隱瞞自己的真實情形，以求能夠蒙混過關。若是官府對每一位元考生的相關資訊都一一進行審核，無疑極為費時費力，於是便強制要求每位考生在報名前自行前往書鋪進行公證。書鋪見有錢可賺自然是樂此不疲，不過一旦被官府吊銷許可證無異於自斷財路，因此它們對調查核實之事也大都不敢怠慢。

考場禮部貢院位於開封內城朱雀門外東南處，汴河南岸至禮部貢院一帶自然成為各路舉子的集中地區，作為驗證考生身分的書鋪也多分布在這一帶。

《清明上河圖》中的「解」字店恰巧便位於汴河南岸外城內某條大街的南側。店前棚下坐著的那位老者或許便是書鋪主人，正在說著什麼，周圍圍著或坐或立的考生，或許剛剛遞送有關材料，或許正在打探有關資訊。

不過這種說法卻也有一個問題，那就是這家鋪子的門口為何要橫放著一張條案將來人拒之門外，反而在臨時搭建的涼棚下辦公呢？

第九種說法是考試辦公室[37]。這家店鋪懸掛的「解」字的確與科舉考試有關，卻並非是

35 （南宋）李燾《續資治通鑑長編．天聖七年十一月癸酉》。

36 （南宋）李燾《續資治通鑑長編．元祐七年六月甲子》。

37 黃傑《〈清明上河圖〉「解」字招牌寓意補證》，《美術觀察》，二〇一九年第八期。

私人經營的書鋪，而是禮部貢院下設的考試辦公室，專門負責查驗考生的解牒、家保狀等資料。

掛著「解」字方牌的那扇門看似有些簡陋，主要是因為它只是一處側門。正門雖也不算宏大，卻是懸山頂門屋樣式，還使用了精美的鋪作。儘管有部分鋪作被後面那棟建築遮擋，但可以推算出總共應有五個鋪作，比街對面那處官宅居然還多出了兩個鋪作。鋪作可不僅僅是承重物件，在宋代是等級的象徵，大酒店孫羊正店雖修建得富麗堂皇，卻一處鋪作都沒有。

正門門屋正脊兩端有鴟尾，形似鴟（也就是鷂鷹）的尾巴，明清時期改為鴟吻，也就是龍形神獸咬住房屋正脊。正門的四條垂脊上都有脊獸，但具體數量卻看不太清，為三到四隻。五個鋪作、兩個鴟尾和多隻脊獸充分說明這處正門級別並不低，院內絕非普通店鋪或者尋常人家。

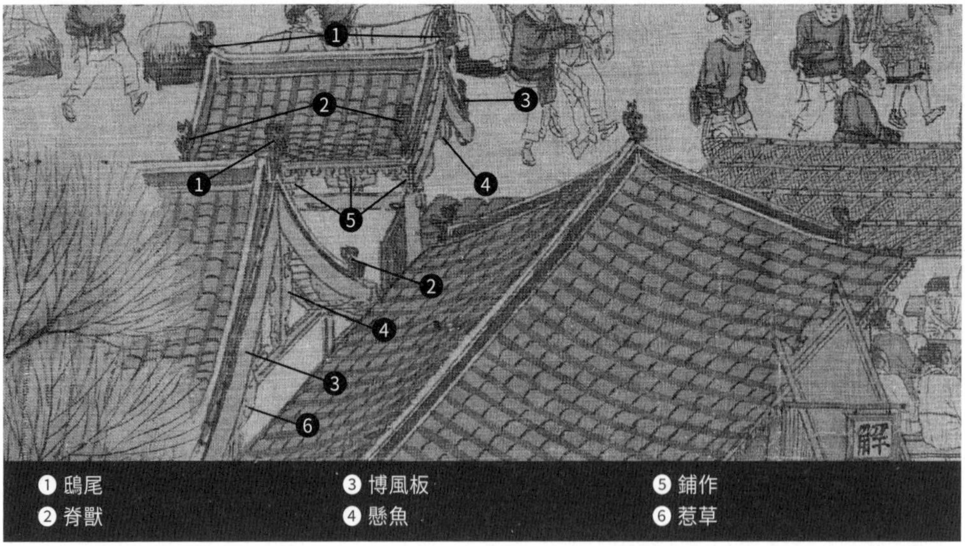

❶ 鴟尾 ❷ 脊獸 ❸ 博風板 ❹ 懸魚 ❺ 鋪作 ❻ 惹草

「解」字店正門

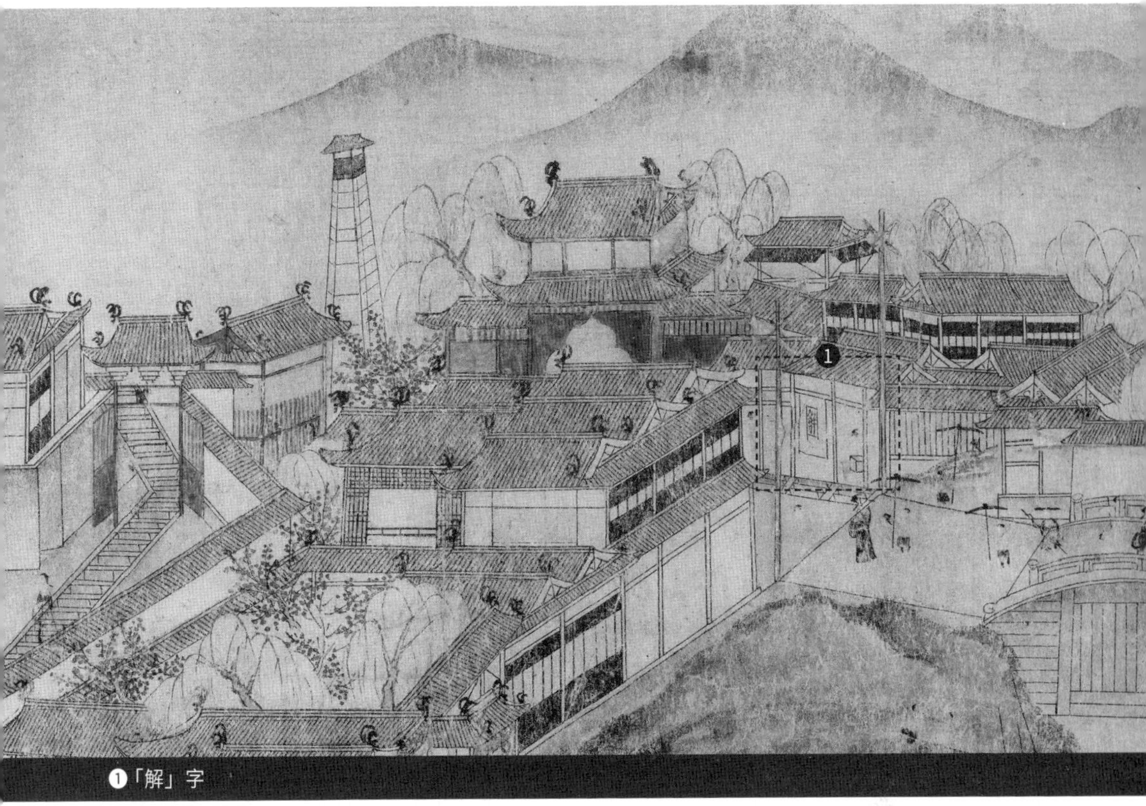

（元代）佚名《西湖清趣圖》（局部）

正門後面的主體建築依稀可見，也是懸山頂建築，正脊兩端有鴟尾，垂脊上有脊獸。建築側面有博風板，板上還有如意狀惹草。懸魚垂於兩塊博風板的人字形連接處，對博風板起到防護作用。

無論是正門形制，還是主體建築形制，都透露出這處建築應是一處官衙而並非是私人商鋪！

在《西湖清趣圖》中，一座氣勢恢宏的建築的牆壁上也出現了「解」字，從建築形制看肯定是一座官衙，據此推斷「解」字店應該是一處主管考試事務的官衙。

再來看看貌似簡陋且又奇怪的側門。門口倚靠著兩塊巨大的長方形豎板，居然高過了屋簷，很可能是用來規範考生排隊秩序的物件，類似於今天售票窗外的鋼護欄。進門位置橫放著一張條案，帶有「閒人免進」的意味，考生們將需要交納或查驗的材料放在條案上，送交工作人員進行審閱。門旁帶蓋的大桶形物件很可能用來儲存考生們提交的相關考試材料。

至於《清明上河圖》中涼棚下的那個老者，或許就是為那些惴惴不安的考生們占卜前程的術士，不過是在官衙外借了一塊寶地做生意而已。

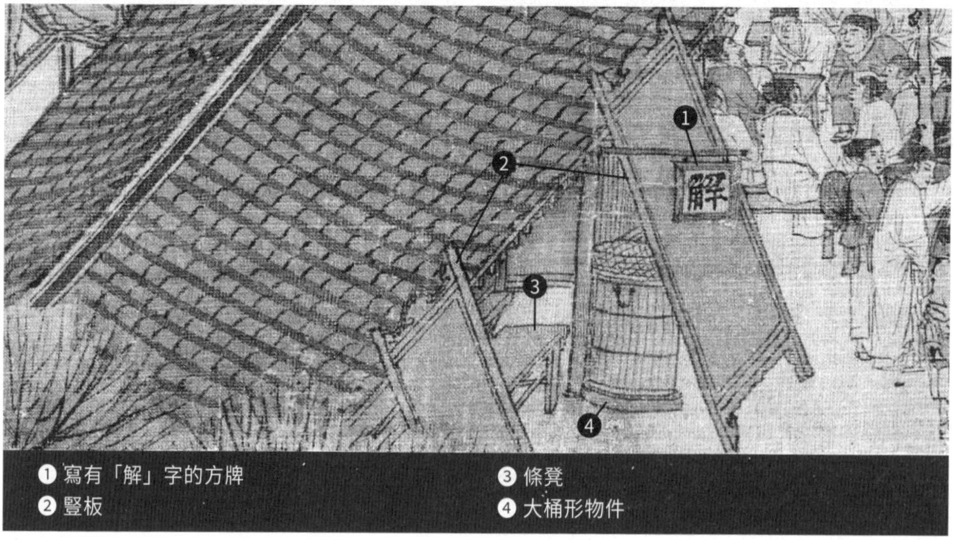

「解」字店

參考文獻

〔1〕李合群，再釋《清明上河圖》中的「解」字招牌〔J〕。中州學刊，2007（2）：3。

〔2〕李新麗，前數碼時代的廣告影像記憶——《清明上河圖》廣告探微〔J〕。新聞大學，2012（5）：8。

〔3〕姚朔民，中國紙幣漫談之二：第一張紙幣〔J〕。金融博覽，2008。

〔4〕方寶璋，宋代怎樣防止紙幣造偽〔N〕。學習時報，2018-7-11（3）。

〔5〕姜錫東，宋代榷貨務的金融職能和性質〔J〕。中國錢幣，1993（1）：11-14。

〔6〕鄭學富，《清明上河圖》裡的中藥鋪〔J〕。黨建文滙：下半月，2020（5）：1。

〔7〕劉順安，從《清明上河圖》談北宋東京的藥鋪〔C〕。中國古都研究（第十輯）——中國古都學會第十屆年會暨學術研討會論文集，1992。

〔8〕范自青，宋代租賃業研究〔D〕。鄭州：河南大學。

〔9〕張建，北宋東京寺院與官宅——《清明上河圖》建築二題〔J〕。同濟大學學報：社會科學版，2006，17（3）：8。

〔10〕楊卉青，宋代契約仲介「牙人」法律制度〔J〕。河北大學學報（哲學社會科學版），2010（1）：51-55。

第八章　城市管理的招法

第一節　生活如何保障

肉類供應

孫羊正店旁邊便有一家肉鋪，用於切肉的桌案看上去厚重而又堅實，外側和兩側各有一根橫棖，裡側卻並沒有橫棖，這種設計使得掌櫃站在裡側賣肉時會更為舒適。

這家肉鋪門前掛著一塊長牌子，上面寫著「斤六十足」四個大字。「斤」自然是我們熟知的重量單位，「六十」指的也應是六十文錢，但最後那個「足」字又是什麼意思呢？

若想解開這個疑問，首先要搞清楚什麼是短陌。唐代安史之亂前，市場交易幾乎都是足陌[1]，也就是說某件商品的定價是六十文，你必須要支付六十文銅錢才能將這件商品買走。安史之亂後，朝廷見自身財政狀況日趨惡化，於是便想出了短陌法，規定以

1 （宋代）洪邁《容齋隨筆》。

八十五文為一陌，假如某樣東西標價是一陌，也就是一百文，官府想買的話，只需支付八十五文便可以將其買下。這實際上是對百姓的一種變相盤剝！

到了宋代，短陌不僅沒有廢止，反而從官方交易逐漸延伸到了各行各業，有官陌和私陌之分。官陌就是省陌（注意這個「省」字可不像很多人理解的那樣是省去或省略的意思，而是尚書省的意思），宋代尚書省官方規定每陌為七十七文。私陌就是符合民間交易習慣的短陌法，主要分為市場通行的市陌和行業通用的行陌，比如街市通用標準是每陌為七十五文。但某些特殊行業卻有著各自的潛規則，開封城中的魚行、肉行、菜行規定每陌為七十二文，金銀行規定每陌為七十四文，珠寶行、雇傭奴婢、買賣各種昆蟲規定每陌為六十八文，代寫書信、訟狀的文字行規定每陌為五十六文。[2]

雖然短陌在宋代很流行，但足陌卻依舊有存在價

城內肉鋪

值，因為它並不需要進行換算，所以在要求精確計算的場合往往會傾向於使用足陌法，比如定罪量刑的時候：「（建隆三年十二月）舊制，強盜贓滿十匹者絞。庚寅，詔改為錢三千，足陌者處死。」[3]如若應用短陌法很容易引起爭議，比如偷了文字行，五十六文就是一陌；若偷的是菜行，七十二文才是一陌，如此一來審判時豈不是會亂了套？因此認定贓款贓物時一律採用足陌法，也就是贓物必須足額達到三千文才會被判處死刑。

由於開封城內的肉行規定每陌為七十二文，若肉鋪不特別標明「六十足」，那麼只需支付四十六文或者四十七文便相當於六十文；若是特別表明了「六十足」，那麼顧客必須要實實在在地支付六十文錢，一枚銅錢都不能少！

這家肉鋪又賣些什麼肉呢？生活在開封城內的宋人們又喜歡吃什麼肉呢？

與今天有所不同，羊肉在很長一段時間內都位居宋朝第一肉食的地位，北宋開國皇帝太祖趙匡胤便對羊肉情有獨鍾，反而對豬懷有某種敬畏之心，以至於北宋前期的皇帝們幾乎不怎麼吃豬肉。神宗皇帝趙頊在位時，御廚一年耗用羊肉三萬四千四百六十三斤

2 （宋代）孟元老《東京夢華錄・都市錢陌》。
3 （南宋）李燾《續資治通鑑長編・建隆三年十二月庚寅》。

四兩，同期消耗的豬肉僅為四千一百三十一斤[4]，還不到羊肉消耗量的1%。

不僅皇帝愛吃羊肉，京師百官駐軍早晚兩餐也會供應酒和羊肉，不過低級官員的供應量卻很有限。有個擔任三班奉職（從九品）的低級武官每月的月俸僅為七百文，羊肉也只發半斤。他感慨自己收入低，於是便在驛館客房的牆壁上寫道：「三班奉職實堪悲，卑賤孤寒即可知。七百料錢何日富，半斤羊肉幾時肥？」這首本是發牢騷的詩卻意外走紅，朝廷得知後給包括三班奉職在內的低級官員增加俸祿，同時還增加了羊肉供應[5]，堪稱吐槽導致加薪的經典案例！

南宋的舉子們極為崇尚大文豪蘇軾的文章，普遍認為只有將他的文章讀熟背熟、融會貫通後才有希望順利考取進士，進而入朝為官有羊肉吃。因此當時流傳這樣一句諺言：「蘇文熟，吃羊肉；蘇文生，吃菜羹。」[6]真可謂是書中自有千鍾粟，書中自有黃金屋，書中自有顏如玉，書中自有羊肉吃！

雖然豬肉不怎麼受皇帝青睞，但很多老百姓卻熱衷於食用價格相對低廉的豬肉。北宋大文豪蘇東坡便極愛豬肉，他被貶為黃州（今湖北黃岡）團練副使時曾研發了一道以豬肉為原料的新菜，也就是後來大名鼎鼎的「東坡肉」。他還曾饒有興致地寫詩贊道：「黃州好豬肉，價賤等糞土。富者不肯吃，貧者不解煮。慢著火，少著水，火候足時他自美。每日起來打一碗，飽得自家君莫管。」[7]

開封外城南面的正門為南薰門，門後那條長長的御道直通皇宮，若是誰家死了人，出殯下葬的車子一律不得從此門出入——皇帝也怕沾染了他們的晦氣。不過供應城內居民的豬群卻可以從此經過，每次都會有上萬頭豬有秩序地穿過城門，驅趕這些豬的夥計雖只有區區幾十個，但每個都是經驗豐富並且頭腦靈活之人，如此龐大的豬群從未因管理混亂而四處亂竄。[8]

羊肉適合燒烤（如羊肉串）、蒸煮（如涮羊肉）、做羹（如羊肉羹），卻並不太適合炒，而豬肉卻適用於各種烹飪方法，尤其是豬肉小炒既方便快捷，又美味可口，自然越來越受宋人的喜愛。

南宋朝廷僅僅擁有半壁江山，傳統產羊地區幾乎喪失殆盡，羊肉供給量自然是大不

城門外的豬群

4 （清代）徐松《宋會要輯稿．方域四》。
5 （北宋）沈括《夢溪筆談》。
6 （南宋）陸游《老學庵筆記》。
7 （南宋）周紫芝《竹坡詩話》。
8 （宋代）孟元老《東京夢華錄．朱雀門外街巷》。

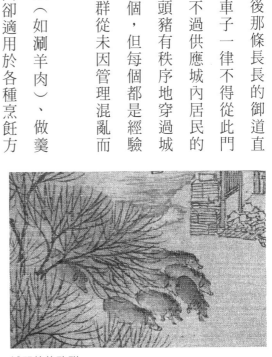

如前，一斤羊肉上漲到了九百文[9]，使得普通民眾更加吃不起羊肉，豬肉也漸漸取代羊肉成為宋人首選之肉，一直延續到了今天。

再來說說牛肉。在《水滸傳》中，那些梁山好漢們時常大口吃著牛肉，大口喝著酒。其實宋代嚴禁百姓吃牛肉，如有違反就如同如今吃老虎肉那樣，可是要被判刑的！

牛是耕種的主力牲畜，為了嚴格保護耕牛，朝廷不允許私自屠宰耕牛，即使自家的耕牛病死了也必須要送到政府許可的地方進行屠宰，因此一般肉攤上根本不敢賣牛肉。

若想吃牛肉只能到黑市上尋，但價格卻高得很。北宋的一位官員曾給徽宗皇帝趙佶算過這樣一筆賬：假如一頭牛有兩百斤，每斤牛肉可以賣到一百錢，那麼一頭牛的肉全部售出便可獲得兩萬錢的收入，而一頭活牛的價格卻只有五千到七千錢[10]，可見宋代牛肉之貴！

宋代很多農民會飼養雞、鴨、鵝等家禽，酒樓餐館之中用雞、鴨、鵝烹製的菜肴也有很多，走在開封街頭，不時便會聞到各種美食誘人的香氣，讓人流連忘返！

布帛供應

吃飯和穿衣是人類兩項最基本的需求，宋代衣料主要有兩大類，一類為布，比如麻布、棉布等；一類是帛，指各類絲織品，明清時期稱為綢緞，如今稱為絲綢。

絲綢是中國享譽全世界的原創產品，是單獨用蠶絲或是蠶絲與其他纖維交織而成的織物，可細分為綾、羅、綢、緞、紗、絹、綃、紡、綈、綯、葛、呢、絨、錦等十四種之多，區別主要有兩個：第一個是材質，純用蠶絲還是摻入其他纖維，以及究竟摻入哪種纖維；第二個是織法，基礎紋飾有平紋、斜紋、緞紋三種，後來又在緞紋的基礎上發展出了提花等高端織法。

宋代皇帝所用衣料由誰來織造呢？「五監」之一的少府監下轄的五大機構不僅會讓皇帝穿得暖，更能穿得好！

文思院下設繡作、裁縫作、絲鞋作、釘腰帶作、縴絲作等四十二個手工業作坊，皇帝、後妃、官員服飾上所用的金飾、銀飾和玉飾通常都會由文思院來供應，雖然都是些小物件，卻可以給人眼前一亮的感覺！

綾錦院負責織造各類絲織品，匯聚了來自全國各地的紡織行業的能工巧匠。北宋初期，綾錦院的工匠便多達一千零三十四人，織機達到四百餘台[11]，紡車織機終日不停地響

9　（南宋）洪邁《夷堅志・丁志・三鴉鎮》。
10　（清代）徐松《宋會要輯稿・刑法二》。
11　（南宋）李燾《續資治通鑑長編・咸平元年九月甲申》。

著，織造出整個大宋最高貴、最華美的衣料！

染院主要負責染色，無論是絲帛、毛線、棉線，還是繩子、皮革，抑或是紙張、藤子都能染出絢麗奪目的顏色。起初染院分為東、西兩院，西染院占地面積很大，引金水河水用於染色，污水排向城外的護龍河。東染院實際上就是個倉庫，所有需要染色的衣飾物品都要先放在東染院，染完色的衣飾物品在被領取前也要先存放在那裡。

裁造院其實就是皇家裁縫鋪，主要負責裁剪衣服，後來也開始承擔繡造臥房用具和儀仗器物的工作。文繡院起初隸屬於裁造院，後來才得以獨立出來，主要負責在衣服或者祭祀用品上刺繡。無論是裁造院還是文繡院，雖說工匠並不少，但相較於皇家巨大的需求量，有時還是顯得力不從心，因此時常會臨時招募民間工匠合力完成皇家訂單。

上述五大機構主要為皇帝服務，有時也會惠及朝中官員，但普通老百姓卻只能另覓他處了。

如今我們習慣於去服裝店直接買成品衣服，但在宋代賣成

（南宋）梁楷《耕織圖卷》中的上蠶、餵蠶、一眠、二眠、三眠場景

品衣服的店鋪並不多，即便有賣的也多是二手衣服。開封市民習慣去布帛店買衣料，然後再去裁縫店或者自己裁制衣服。

宋代已經出現了專業程度很高的紡織業作坊，從養蠶到擇繭，從繅絲到紡織一條龍作業，生產出來的布帛批發給布帛鋪，然後再售賣給普通民眾。

高檔布帛店通常還會兼營染色業務，經過染色的布帛不僅便於銷售，還能滿足不同客戶的個性化要求，利潤也是相當可觀。不過小的布帛店卻並沒有染色的能力，只得委託染

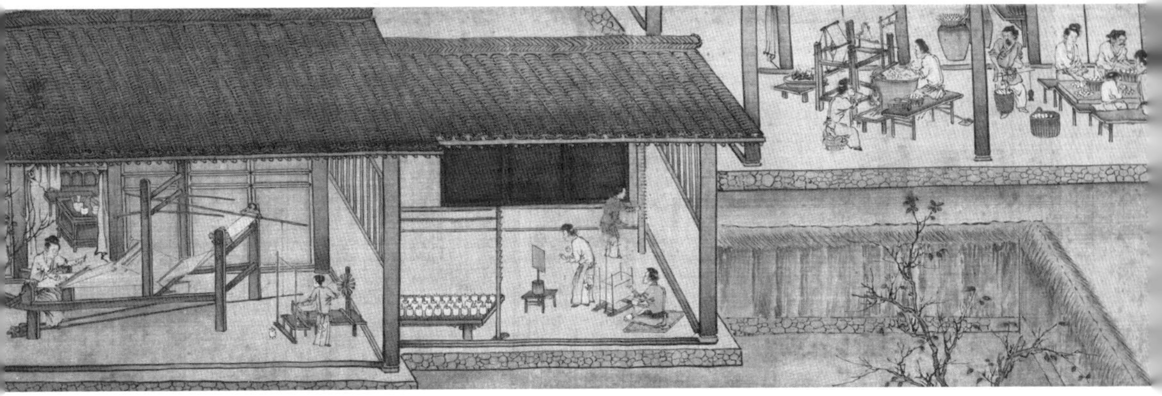

（南宋）梁楷《耕織圖卷》中的擇繭、繅絲、絡絲、經、緯、織場景

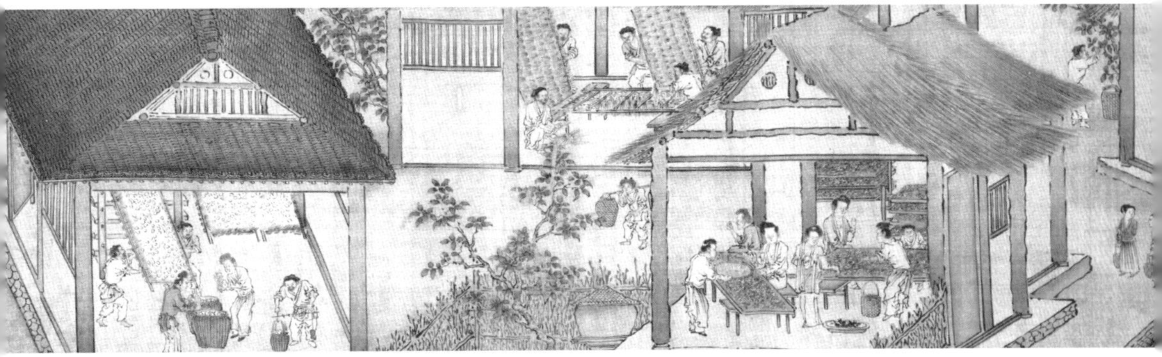

（南宋）梁楷《耕織圖卷》中的採桑、捉績、上簇、下簇場景

王家布帛店

坊去染色。

相國寺前、傳茗坊等處都有聞名全國的大染坊，經過染色的布帛比素色要亮麗許多。隨著雕版印刷業的發展，花纈法應運而生，也就是先用雕版刻成各種精美的圖案花紋，然後再印到布帛之上，極受達官貴人們的喜愛，由此湧現出了一批久負盛名的雕版大師！

對於鄉村的農民、城市的貧民來說，他們根本沒錢買布帛。即便自己養蠶，自己繅絲，自己紡織，織成之後也往往要售賣給旁人，自己卻只能穿用麻布製成的衣服。

雖然宋代也有棉布，卻受技術所限產量一直不高，直到元代科學家黃道婆改進了棉紡織機後，棉布才得以廣泛使用。宋代窮苦人家主要使用麻布，就像《紡車圖卷》中那兩個婦人，自己雖是紡線織布人，但穿的卻都是些破衣爛衫，頗有些

「遍身羅綺者，不是養蠶人」的意味！

煤炭供應

百姓燒火做飯、作坊冶煉鍛造都離不開燃料，那些生活在開封城中的宋人們最常使用的燃料為蒿草、木柴和煤炭，每天的需求量都很巨大。北宋至道三年（西元九九七年），僅僅透過官方運輸途徑運來開封的蒿草便有兩百六十八萬圍，木柴有二十八萬束，炭有五十萬秤[12]。

在這三種燃料中，蒿草價格最為便宜，但熱量也最小；木柴熱量雖然相對大一些，但燃燒時卻往往會產生大量的煙；炭的熱量高，煙霧小，但價格卻最貴。

宋代的炭其實分為兩種，一種是用木材燒製而成的木炭，另一種是從地下開採的煤，當時稱為「石炭」。

透過官方運輸途徑運抵開封的燃料雖有很多，卻主要用於官方的日常消耗，儲存在司農寺（相當於農業農村部）下轄的內柴炭庫和炭場。內柴炭庫主要負責供應皇宮和皇帝的侍衛部隊班直，炭場主要負責供應開封城內外的各政府機構，通常並不對外銷售。

北宋熙寧十年（西元一〇七七年），僅僅是專門為皇帝做飯的御廚一年便使用了木柴

12 （南宋）李燾《續資治通鑑長編》。

一百四十五萬零四百一十三．五斤，炭三千五百五十七秤六斤[13]。做飯需要燃料，取暖需要燃料，熬藥也需要燃料，生活之中處處皆需要燃料，因此皇帝嬪妃和皇室成員一年所耗用的燃料數量那是相當驚人！

不過皇帝也不能只想著自己，還得賜文武百官「薪火」，從乾德四年（西元九六六年）開始這已成為慣例[14]，從此官員們又增加了一項實物福利。比如宰相一級的官員，每月可以獲得木柴一千兩百束，從每年十月至正月的取暖季每月可以獲得炭兩百秤，其他月份每月可以獲得炭一百秤。此外，皇帝還會賞賜給禁軍將士們柴炭，以作取暖之用。

除此之外，朝廷很多以手工業製造為主的官方部門，如窯務（燒造陶瓷器的單

開封郊外運輸煤炭的驢隊

開封城外的炭鋪

位）、染院（負責布帛染色的單位）、鑄錢監（鑄造銅錢的單位）、軍器監（製造兵器的單位）、煎膠務（熬製藥用膠的部門，類似於阿膠）等，為了完成全年生產任務也需要大量燃料。

即便每年都會向開封輸送大量燃料，卻也僅僅夠皇家和官方所需。開封城中的普通百姓大多買不起炭，只能買些蒿草或木柴來用。開封城郊很多人以砍伐木柴、收割蒿草為生，砍伐收割後便運進城中去售賣。比如，《水滸傳》中的石秀自幼父母雙亡，終日以賣柴為生。雖然木柴和蒿草相對便宜，但生活窮苦的百姓卻依舊買不起，只得自行到郊外去砍伐收割。

在《清明上河圖》中，兩人一前一後揚著手中的鞭子，驅趕著五頭驢子向開封城的方向緩緩走去，每頭驢的身上都馱著裝滿煤炭的竹簍。進城後，他們便會把這些煤炭拿去售賣。

開封城中專門設有大型交易市場炭坊，大街小巷之中還散落著一些賣炭的商鋪，不過卻只有家境相對殷實的家庭才能買得起炭，窮苦百姓一般消費不起。

13 （清代）徐松《宋會要輯稿》。

14 （南宋）李燾《續資治通鑑長編．乾德四年》。

每年人們對燃料的需求量很大，可樹木生長得又比較緩慢，供求之間的矛盾日益凸顯，於是新型燃料煤（當時被稱為「石炭」）開始被大量使用。最遲從北宋熙寧七年（西元一〇七四年）開始，開封城中的官營手工業作坊便開始使用石炭，石炭也被列入官方運輸名單之中，被稱為「石炭綱」。

朝廷將石炭列為官府專賣商品，還建立了管理機構「石炭場」。石炭場與之前的炭場雖只有一字之差，職能卻有著很大差異。炭場隸屬於司農寺（相當於農業農村部），只有收儲和劃撥木炭的權力，並不能隨意對外售賣；石炭場卻隸屬太府寺（相當於市場監督管理局），所儲存的石炭除了供應皇家和官府外，還可以銷售給普通百姓。

隨著煤的開採量不斷增加，汴河兩岸各設立了十所官營石炭場[15]，極大地滿足了百姓們對石炭的需求。與此同時，開封城中也湧現出了街東車家炭、州橋炭張家等知名的炭鋪，它們既供應木炭，也提供石炭，炭團（類似於如今的煤球）、香餅子[16]（專門為了焚香而製成的煤餅）等煤炭產品，廣受開封市民的喜愛。

水的問題

《清明上河圖》中共有兩口水井，其中一口在郊外的田地之中，另一口在「趙太丞家」醫館的西側，井旁有一棵大柳樹為這口井遮蔭。井四周是用青磚或青石砌成的方形檯面，四壁用條形磚壘砌，特別之處是井口被木棍分割為田字形，井的北面和西面用土夯築有矮牆，以防塵土被刮落到井中。

井口放有五個水桶，三個人正在打水，其中一人正往井內放井繩，他左手扶著繩，右手還有幾圈未放完，垂到井中的水桶應該已經接近井水了；另有一人雙手正在挽著井繩，似乎已打完井水，正將桶從井中拽上來；還有一人將扁擔放在肩頭，雙手扶著扁擔，正準備挑著水回家。

作為一座人口眾多的大城市，居民飲水是關係到國計民生的大事。雖然開封附近水源豐富，水網密布，更是有四條河流穿城而過，但飲水卻一直是困擾開封市民的一個老大難問題，甚至還曾發生過百姓大規模渴死的惡性事件。

由於蔡河、汴河和五丈河泥沙含量太大而難以飲用，唯有金水河的水質較為優良，於是朝廷修建溝渠將金水河的水從天波門一直引到皇城宣德門前，在御街向東轉，繞

15 （清代）徐松《宋會要輯稿·職官五六》。

16 （宋代）孟元老《東京夢華錄·諸色雜賣》。

過太廟。水堤兩岸大量種植樹木。車馬經過的地方還會用石頭搭建橋樑，以免污染水源。同時，朝廷在水堤沿途鑿出許多口方井[17]。

北宋慶曆六年（西元一〇四六年），仁宗皇帝趙禎又新開鑿了三百九十口井，在此之後，即便遇到大旱，史書之中也未曾再有大規模渴死人的記載，可見此舉基本上解決了城中百姓的用水問題。

由於金水河是開封市民賴以生存的重要水源地，朝廷對金水河採取了極其嚴格的保護政策：嚴禁在金水河流經的河道上私搭亂蓋；私自開掘溝渠偷引河水亦屬於違法行為；有些河道處於封閉或半封閉狀態，即便在封閉物上放置重物也會被給予「杖八十」的處罰。

如若發現上述違法行為，向巡邏的巡卒或者管理河道的工作人員控告，抓獲犯罪人員後將會獎勵三貫錢，不過這筆獎金卻並非由政府買單，而是從罪犯的私有財產中扣除[18]。

皇宮用水也取自金水河，為了加強調度，他特地將金水河流經開封城內的重要河段交由西水磨務來進行管理。西水磨務是司農寺的下屬部門，主要職責是用河水磨麥子並供皇宮和百官使用，因此在那裡任職的官員大多精通水利。朝廷要求他們不管河水漲落、流量多少，必須要保證皇宮、太廟、萬壽觀等重要區域的供水，稍有差池便會問責涉事官員！

開封城地勢低平，附近河道縱橫，每到春夏暴雨季節，排水便成為另外一個棘手問題。同時城中人口眾多，還有大量流動人口，每天會產生大量的生活垃圾和污水。城中還有數不勝數的手工業作坊，每天也會產生大量的生產廢料和污水，若是處置不當將會嚴重影響城市環境衛生和居民出行生活，甚至還可能會引發瘟疫蔓延。

為了妥善解決排水問題，朝廷在開封城內挖掘了各種暗渠水溝並與城內外各個河道相連，以便及時將城中積水排出去。對於城中的兩百五十三條排水渠，開封府也派出士卒定期進行巡邏，以免被百姓丟棄的垃圾灰燼堵塞[19]。每年二月，開封府還會徵調民壯對排水渠進行整修疏浚，從而保障排水渠的暢通。

17 （元代）脫脫等《宋史・河渠四》。

18 （南宋）李燾《續資治通鑑長編・元符元年十月戊子》。

19 （南宋）李燾《續資治通鑑長編・天聖四年秋七月丙寅》。

第二節　報警找誰去

宋代的匪警

開封城中擁有近百萬人口，若是不慎被盜被搶，又該到何處去報警呢？開封城內外官衙眾多，既有中央機構，也有地方機構，還有專門負責皇帝嬪妃的內省，可謂是林林總總。若是跑錯了地方，不光解決不了問題，說不定還會吃板子。

在眾多的行政機構之中，擁有治安管理權的機構主要分為兩大體系。

第一個體系是以開封府為中心的行政體系。府一級負責治安管理的部門有好幾個，分別是開封府界提點司、開封府界提刑司、開封府界提舉賊盜巡檢公事司、提點開封府界諸縣鎮公事司，注意這幾個部門都是編制外部門，並未納入國家正式編制，負責這些部門的長官都屬於差遣性質。宋代官制的一個特點就是同一件事卻有好幾個部門同時在管，新部門隔三差五就會出現，以至於有時連他們自已都搞不清楚這件事究竟該由誰來管！

開封城中設立了廂，廂在唐代屬於軍事建制，廂的最高行政長官為都所由，主要由虞候等中下級武官擔任，最初主要承擔維護京城穩定等軍事職能。

不過隨著開封人口的急劇膨脹，原有的府縣兩級機構越來越難以應對，所以廂的數量也不斷增加，起初只設立八廂，後來連城外的近郊也陸續設立廂，最終增至十七廂，下轄一百三十五個坊。管轄坊數最多的廂為新城城西廂，管轄二十五坊之多；管轄坊數最少的廂如京東第一廂、第二廂，京北第二廂都僅僅管轄一個坊。地處郊區的外城外九廂總共才管轄十四坊，不過管轄地域並不小，只是因為相對比較偏僻，與城中相比人口很稀疏，所設的坊就比較少。在數量不斷增多的同時，廂也承擔起消防、治安等行政職能，漸漸被納入行政體系之中，對下管轄坊，對上開始接受由文官擔任主官的都廂的領導。

北宋熙寧三年（西元一〇七〇年），神宗皇帝趙頊設立了新城左、右廂和舊城左、右廂，在京朝官中選拔曾經擔任過通判、知縣的官員擔任上述四廂的主官。這四廂比之前設立的十七廂級別更高、權力更大、地域

更廣，民間稱之為「都廂」，由此形成了開封府、都廂、廂、坊四級管理架構。

假如將開封府比作如今的北京市，四個位於開封城中的都廂就好比是北京市下轄的東城區、西城區，位於最核心、最繁華的區域；廂就好比是東城區、西城區下轄的街道辦事處；坊就如同街道辦事處管理的居委會。

隸屬開封府的開封、祥符兩縣的管轄範圍名義上仍包括開封城，但實際管轄的區域卻只有城外的郊區，外城外九廂仍舊歸屬兩縣管轄。除了這兩個赤縣，開封府還管轄著十五個畿縣，有的距離開封城還算近些，類似於北京市下轄的昌平區、通州區；有的卻距離開封城比較遠，類似於北京市下轄的延慶區、密雲區。

第二個體系是以三衙為中心的軍事體

❶ 消防用具
❷ 告示
❸ 四行五列門釘
❹ 熟睡的鋪兵

系。殿前司、侍衛馬軍、侍衛步軍合稱「三衙」，統領禁軍部隊。四個都廂均設有廂巡檢，由禁軍之中的都指揮使一級的將領兼任。廂巡檢統領一定數量的士卒，承擔著防火防盜、解送公事、申報平安等職能。廂巡檢之上還設有都巡檢，舊城都巡檢由侍衛馬軍司的長官兼任，新城都巡檢由侍衛步軍司的長官兼任，開封城四面各設一名都巡檢，由侍衛步軍司的長官兼任。

仁宗皇帝趙禎從京城駐軍之中挑選精幹軍士駐守軍巡鋪。開封城內坊巷之中，每隔三百多步便設立一所軍巡鋪，負責糾察一切違法事項。它們既是負責社會治安的派出所，也是負責滅火的消防救援站，還是負責城市管理的綜合執法隊。

❶ 露出內褲的熟睡鋪兵

《清明上河圖》中的這處院落的用途一直眾說紛紜。有的學者認為是一處大戶人家，但這處院落的大門上卻有四行門釘，每一行均有五枚門釘，而尋常人家是不允許使用門釘的；同時，門上似乎還張貼著告示，因此這裡應該是一處官衙。不過這處院落並不大，建築等級也不高，因此應該並不是什麼大衙門。

有的學者認為這是一處遞鋪。重要公文的傳遞往往會透過驛站，驛站負責供給馬匹和船隻；一般公文的傳遞不能使用驛站，但傳送公文的人也需要在中途歇歇腳，喝口水，專門為這類人服務的遞鋪便就此誕生了。

不過這處院落卻不太像是遞鋪，門口橫七豎八地坐著幾個人，其中四人昏昏欲睡，此外還有一人躺在地上熟睡，居然睡得連褲子都掉落下來都不曾察覺，露出了裡面的內褲。

他們的身旁還放著一根根長長的杆子，看上去既不像是宋代的制式兵器，也不像是朝廷的儀仗用具，比較像專用的消防用具，所以此處應該是一處軍巡鋪。

不過據《東京夢華錄》記載，每個軍巡鋪只有鋪兵五人，而此處僅僅是院門口，或坐或躺的便有八人之多，人數似乎與歷史記載有些不太相符。其實《東京夢華錄》的這段記載未免有些太過絕對，畢竟開封城內外的軍巡鋪有大有小，所屬鋪兵數量自然不會一模一樣。軍巡鋪晝夜都要有人值班，應對可能發生的突發事件，若總共只有五人，恐怕連排班都會很困難，因此很有可能是每個軍巡鋪每班有五人。

《清明上河圖》中的這些鋪兵之所以表現得很是懶散，或許是因為他們剛剛值了一宿夜班，抑或剛剛滅火歸來。

當你穿行在開封城內外，如若遇到小偷小摸這樣的普通治安案件，可以直接去軍巡鋪報案。城中大街小巷遍布著一個又一個軍巡鋪，鋪兵接到報案後會在第一時間對犯罪嫌疑人進行抓捕。如果遇到故意殺人、故意傷害等重大刑事案件，你也可以直接向更高一級的廂去報案。

開封府所屬機構只能管內城和外城，皇帝嬪妃們居住的宮城的治安由皇城司來負責。皇城司內設有親從官和親事官，親從官負責皇城治安；親事官與明代錦衣衛差不多，主要從事特務活動，暗中偵查官吏們有沒有非法舉動，將士們有沒有叛亂跡象，百姓們有沒有過激言行。很多官員便栽在皇城司的手中，比如仁宗朝群牧判官李壽朋被皇城司告發大搞享樂主義、奢靡之風，很快便被貶為知汝州（今河南汝州）[20]。

開封府下轄的畿縣屬於農村地區，在北宋前期實行鄉里制度。里正主要負責徵收賦稅，耆長負責率領本村身強體壯的男子維持治安，抓捕盜賊。王安石變法後，鄉村地區也實行保甲制度：十戶為一保，設保長；五十戶為一大保，設大保長；十大保為一都保，設都保正、副保正。擁有兩個男丁以上的家庭需要選派一名青壯年男子充當保丁，定期參加軍事訓練並且隨保正或保長們維持當地治安[21]。

保甲法設立的初衷既是「捕盜」，更是「弭盜」。以搶劫偷竊為畢生奮鬥目標的職業盜賊終究是少數，更多的盜賊白天是良民，晚上才變身盜賊四處劫掠。保甲法無疑編織

20 （元代）脫脫等《宋史·李若穀傳》。

21 （南宋）李燾《續資治通鑑長編·熙寧三年十二月乙丑》。

了一張嚴密的治安網路，不僅使盜匪難以得手，還很容易暴露自己，因為他們的左鄰右舍都已成為官府的眼線。

若是在鄉村被偷了，被搶了，最有效的辦法就是立即稟告當地的保長，由其出面緝捕盜賊。他們通常也不會袖手旁觀，因為若是成功捕獲盜賊將會獲得官府的獎勵。朝廷為此還公布了專門的獎勵規定《編敕賞格》，除了賞格中規定的獎金外，他們還會獲得額外獎勵，金額大小與盜賊量刑輕重密切相關：每捕獲一名判處有期徒刑以上的盜賊賞錢三千文；每捕獲一名判處杖刑以上的盜賊賞錢一千文。「重賞

之下必有勇夫」，此舉極大地激發了保長、保丁們緝捕盜賊的熱情！

宋代的火警

隨著坊市制度的終結，開封城也展現出前所未有的活力，但也面臨著前所未有的消防壓力。唐長安城實行嚴格的坊市制度，用於居住的坊與用於交易的市嚴格分開，各坊均建有高大的坊牆；晚上實施宵禁，如若沒有緊急事務不得隨意上街，否則便會受到相應懲處，因此絕大部分百姓只要天一黑便會關燈睡覺。

可到了宋代，坊牆拆除了，各式店鋪如雨後春筍般不斷湧現，甚

至還私搭亂蓋，大肆侵街；宵禁也取消了，即便是半夜時分，很多瓦子、妓院、夜市、酒樓、餐館、茶肆依舊是燈火通明。

大量外來人口湧入開封城中，居住需要房子，經營也需要房子，建造樓房的成本很高，只得最大限度地利用平面空間，以至於屋挨著屋，房靠著房，幾乎每一塊空地都被利用起來，甚至連街道、河邊都不放過，侵街、侵河的現象也是屢禁不止。

城內磚瓦房所占的比例卻並不高，絕大多數房屋都是用茅草覆頂，很容易起火，又失去了坊牆的阻隔，往往是一家起火很快便會殃及鄰里，進而迅速向四周蔓延開來。

面對如此嚴峻的形勢，官府只得大力規範百姓日常用火，要求百姓經常打掃廚房，尤其是要清除灶前剩餘的柴火[22]，以免因疏忽大意而引發火災。雖然很多店鋪都是通宵營業，但官府對普通百姓夜間用火的管理卻比較嚴格，通常並不允許在夜間掌燈，做完晚飯後便要熄滅燈燭，以防夜深人困時不慎引起火災[23]。如若因祭祀或喪葬等特殊情形需要夜間用火，必須提前向所在廂坊報告，即便是官員也不例外。

仁宗朝樞密使狄青就曾因未及時上報而引發一場政治風波，在政敵的攻擊下被貶往陳州（今河南周口）。陳州出產一種梨，名叫「青沙爛」，因此曾有人勸過狄青，此一去恐怕便會爛死在陳州。果不其然，狄青很快便鬱鬱而終，年僅五十歲。在此後七十一年的時間裡，直到北宋滅亡，武官再也沒能擔任過樞密院正職，即便是副職也幾乎都是文臣。

《清明上河圖》描繪的開封城內的各色建築，放眼望去全都是清一色的瓦房，這是因為朝廷大力宣導以瓦易草，積極

22 （宋代）袁采《袁氏世範》。

23 （宋代）李元弼《作邑自箴》。

開封郊外的茅草屋

推廣用磚瓦建房，城內外的軍營、官舍陸續接受了房屋提升改造，也有很多民居換成了瓦房頂。

不過在開封城外居住的卻多是窮苦人，終日為了溫飽而奔波忙碌，沒有閒錢買瓦，更沒有時間進行改造。那些簡陋的茅草房極易燃燒，存在著極大的消防安全隱患。

即便是防火政策再有效，擁有近百萬人口的開封城中仍舊時不時便會發生火災。軍巡鋪的重要職能就是防火滅火。夜晚通常是火災高發時段，鋪兵們要在夜間定期巡邏，督促轄區內居民按時熄燈，消除火災隱患，及時發現火情。

地勢稍高之處還會建有望火樓，令專人在樓上值守，以便儘早發現火情，及時報警。望火樓下通常有官舍，駐兵五百餘人，隨時準備去滅火，還會配備大小桶、灑子（滅火用的噴壺）、麻搭（撲打火苗的杆子）、斧鋸、梯子、火叉（撥火用的鐵叉）、大索（長繩索）、鐵貓兒（救火用的鐵鉤子）等消防用具[24]。

望火樓

一旦發生火災，軍巡鋪、望火樓的軍士們會立即攜帶消防器械，奔赴失火地點進行撲救，同時迅速報告失火地段的廂坊負責人、開封府尹以及三衙（殿前司、侍衛親軍馬軍司、侍衛親軍步軍司）的長官。

在滅火過程中，各支救火隊伍往往是密切配合，有的劃定警戒區域，疏散閒雜人等，維持現場秩序；有的營救受傷居民，將其送到相關地點進行救治；有的搶救財產，避免遭受更大損失；有的運水滅火，遏制火勢蔓延。

《清明上河圖》中的望火樓上卻空無一人，望火樓下的官舍早已變為了飯館茶肆，可見到了北宋末年，消防管理日漸鬆懈，表面的繁華之下其實危機重重。

在救火過程中，如若火勢實在太大，難以控制火勢的蔓延，往往會將周圍的建築物統統拆除——沒有了可以繼續燃燒的物質，火勢自然會慢慢變小，撲救的難度也會大幅下降，這個辦法也一直沿用至今！

不過這個頗為有效的滅火措施也為那些別有用心之人提供了可乘之機。他們往往並不專注於救火，而是在火災附近區域尋找相對富裕些的人家，找到之後便用手中的鐵貓兒鉤住人家的屋子，趁機勒索些錢財。如若對方不肯或者滿足不了他們的胃口，他們便

24 （宋代）孟元老《東京夢華錄·防火》。

會以阻斷火勢蔓延為由將人家的房屋硬生生拽倒拆掉。

對於這些害群之馬，官府會根據他們攫取的不義之財的數量從重定罪，如若情節極其惡劣，也會直接上奏皇帝來進行懲處！

宋代戶籍警

漢唐時期盛行的坊市制度在宋代走向了終結，之前以坊為單位進行戶籍管理的舊法子自然也就行不通了，只得另行探索新型戶籍管理制度。戶籍管理不僅是要摸清有多少人口，而且關係到能否及時足額地徵稅，還關係到社會治安與社會福利，可謂是基礎性、支柱性行政管理制度。

隨著工商業的快速發展，戶籍管理制度也發生了重大變革，將人口按照居住地劃分為鄉村戶和坊郭戶，類似於如今的農業戶口和非農業戶口。凡是居住在城市裡的居民被稱為「坊郭戶」，居住在府、州、軍、監城池之內的居民被稱為「州坊郭戶」，居住在縣城裡的居民被稱為「縣坊郭戶」，居住在市鎮城池之中的居民被稱為「鎮坊郭戶」。坊郭戶的範圍後來又有所擴展，距離城池比較近的郊區（比如開封城外的外城外九廂）的居民也被列入其中。探索建立城鄉二元化戶籍管理模式無疑是戶籍管理制度上的重大進步。

宋代實行嚴格的戶籍登記制度，不僅要詳細登記每一戶的人口數量、人員狀況、財產情況等基本資訊，還會對其進行等次評定。開封府還會將坊郭戶按照從事的職業劃分為「坑冶戶」、「園戶」、「機戶」、「染戶」、「繡戶」、「匠戶」、「藥戶」、「染戶」、「陶戶」、「酒戶」等類型，以便依託行會的力量對他們加強管理。

隨著坊牆的拆除，坊與坊之間已經失去了物理上的阻隔，以街巷為單位進行管理的辦法漸漸失效，於是政府強制推行「戶牌制」，也就是每家每戶的門前都要懸掛一塊戶牌，相當於將家中的戶口本做成牌子掛在最為顯眼的地方。戶牌上要寫明戶主、妻子、子女、奴僕、寄居親友等共同生活人員的姓名、年齡、相貌特徵等。家中若是有人去世，要及時將死者的姓名從戶牌上抹去；如若娶了媳婦、生了孩子、招了僕人，還需要將他們的資訊也寫在戶牌上。若是家中有親友前來投靠，還需要登記他們的資訊並寫明前來投靠以及預計離開的時間。

每月的初一、十五，廂巡檢會派遣巡卒挨家挨戶查核人口變化並對戶牌上的資訊進行更正，同時將這些戶籍變化情況登記在冊，送交廂裡歸檔備查。

在每家每戶設置戶牌的同時，居住區還要設立街樓，列明本坊巷名稱、人口數量等基本資訊，便於在抓捕罪犯、搶險救災時快速掌握坊巷的基本狀況，從而制訂更為科學有效的搜捕方案或者營救方案。

戶牌與街樓制度為實現戶籍精細化管理提供了重要支撐，但也會帶來一定的負面影響，因為戶牌將家中情形寫得清清楚楚，明明白白，無異於將家中隱私毫無保留地告訴了外人。一些不安好心的潑皮無賴專門挑選家中沒有男人的女戶（一家全是女人）下手，無端地惹出了許多是非。

《宋刑統》會對故意隱瞞戶籍的人員進行相應的處罰。若是不如實申報本家所有戶口，稱為「脫戶」，家中主事的男子，也就是「家長」，將會被判處三年有期徒刑。如若這個家庭並不承擔賦稅和徭役的責任，罪責將會減輕二等，如若是女戶又會減輕三等。[25]若是隱瞞家中部分人口（即脫口），增減年狀（即篡改年齡，比如虛增年齡而享受老人的相關優惠政策，或者虛減年齡而享受小孩的相關優惠政策），最高可判處三年有期徒刑。[26]

開封府下轄畿縣的鄉村戶基本上都從事農業生產，自然也就無須按照職業進行分類。北宋前期為里正，後期為保長，負責對轄區內百姓戶籍進行管理，如果怠忽職守或者濫用職權也將受到法律懲處。

除了常住人口之外，開封城中還有數量眾多的流動人口，對這些人的管理也沒有放鬆，管控的重點就是這些人來開封後的居住地。來開封當僕人、使女的人通常會住在雇主家中，雇主必須及時進行申報，廂巡檢會派人定期更正戶牌資訊，及時將這些人的資訊添加上，將其納入行政管轄範圍之內。

稍稍富裕一點的人來開封後往往會選擇住在旅館中，每一家旅館都必須按照官府要求留存「店歷」，詳細登記客人往來住宿的有關情況，遇到逃兵、逃犯不僅不能容許他們住宿，還要及時報告官府；對於入住手續不全的人不能留宿；對於手續齊全的客人的行蹤也要留意，發現可疑行徑及時稟告官府。

25 （北宋）竇儀《宋刑統．戶婚律》。

26 （北宋）竇儀《宋刑統．戶婚律》。

第三節　慈善怎麼辦

林林總總的福利機構

福田院原本是唐代寺院創辦的慈善組織。「福田」是佛教用語，佛教徒相信「輪回報應」，施貧救苦會「行者得福」，就如同種田會有所收穫一樣，因此施貧救苦等善舉皆被稱為「福田」。

北宋初年，政府繼續沿用唐代舊例，在京城開封設置了東、西福田院，但偌大的開封城中能夠得到接濟的卻僅僅只有二十四個人[27]。英宗皇帝趙曙又增設了南、北福田院，每院統一建制，各蓋房屋五十間，收容三百人，四處福田院共有房兩百間，可收容一千兩百人，規模較以前有了大幅增加，運營所需經費由官府撥給。

北宋元符元年（西元一〇九八年），哲宗皇帝趙煦創建了居養制度，但直到徽宗在位時期，在宰相蔡京的大力宣導之下，居養院才得以快速發展起來，從都城開封到外地州縣，甚至連城鎮之中都設有居養院。

居養院起初的定位是官辦養老院，主要是

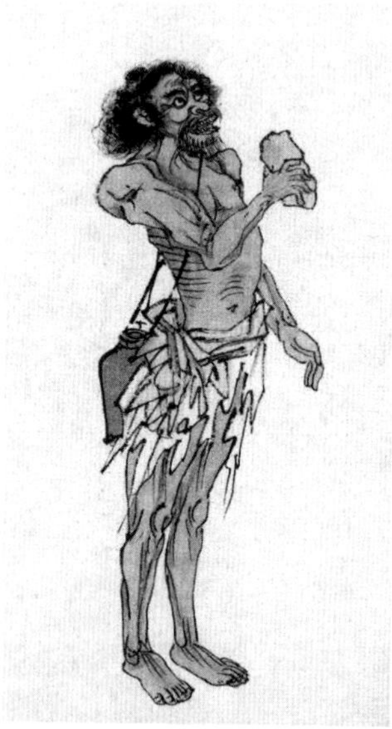
（明代）周臣《流民圖》（局部）

為了使那些老無所依的老人安度晚年，不過後來救助範圍卻有所擴大，沒人撫養的幼兒、沒人照料的病人、沒飯可吃的殘疾人、沒地可住的乞丐都可以申請入住居養院。

與福田院有所不同的是，官府會派駐官吏對居養院進行監管，因為居養院所需經費主要來自官府收繳的那些無人繼承的財產。福田院與今天的福利院類似，都是讓受助者集中住在一起進行供養，但居養院卻是分散居住，所住房屋就是那些戶絕者所遺留下並被官府徵收的房屋。

此外，朝廷還建立了安濟坊，服務對象是患病的貧民，凡是病臥無依之人都可以送入安濟坊進行醫治。安濟坊與居養院同時設立，一起發展，不過之後卻隨著蔡京宦海沉浮而幾度興衰。等到南宋建立後，居養院和安濟坊都漸漸走向衰落，它們的職能逐漸被養濟院所代替。

（明代）周臣《流民圖》（局部）

27 （元代）脫脫等《宋史・食貨上六》。

養濟院設立之初的職能定位是綜合救助站，每年隆冬時節，相關人員按照朝廷指令在大街上搜羅無家可歸的乞丐，將其收養到養濟院中，收養時間是從十一月一日至隔年二月，若是天氣仍舊寒冷，可以寬限到四月底，要是有病的人甚至可以被供養到七月新糧下來之後[28]。養濟院的職能後來不斷擴展，兼具居養院和安濟坊的職能，開始贍養老人，收治病人。

未成年人保護措施

南宋紹興八年（西元一一三八年），高宗皇帝趙構正式下詔，在全國範圍內實行生育補貼制度，禁止民間生子後隨意遺棄，如果確實因為家庭貧困而無力撫養，政府將會給予一定的補貼[29]，不過卻並未明確具體發放標準。

南宋乾道五年（西元一一六九年）四月，孝宗皇帝趙　明確了生育補貼發放標準——每生一個孩子給予一碩常平米和一貫錢[30]。在妻子懷孕分娩期內，朝廷還會豁免她丈夫的各種雜役，使其有更多的時間照顧懷孕的妻子，對鼓勵生育起到了積極作用。

對於那些生下孩子後無力撫養的貧困家庭，政府還是採取特殊保障政策。各州縣鄉村戶五等以下、坊郭戶七等以下的貧困家庭，若是遇到撫養困難，不管是生男還是生女，按照每人四千文的標準支付現錢[31]，不過很快便改為支付義倉米一斛。之所以要變更支付方式，主要是因為資助貧困家庭的資金大多來自免役寬剩錢，也就是相對富裕的人家不願意到官府服勞役，為了求得豁免而支付一定的金錢。但富人們通常與官府交結很深，會用各種辦法來逃脫勞役，因此各地官府入庫的免役寬剩錢數額有限，漸漸無力支付資助，而常平義倉存儲的糧食卻相對豐盛，於是便改為支付義倉米。

每每到了大災之年，那些災民不願自己活活餓死，更不忍眼睜睜地看著兒女活活餓死，萬般無奈之下只得賣兒鬻女，價格驚人的便宜——一斗米便可買一個婦女，半斗米便可買一個孩子。等災難過後，災民們漸漸安頓下來，其中一些人便想著要將賣出去的妻子兒女再贖回來，卻又礙於囊中羞澀，此時便可請官府代為贖回。[32]

災害來臨時，很多災民甚至會將自己的孩子遺棄在路邊，對於這些被遺棄的孩子，官府自然無力全部收養，於是便鼓勵民間收養棄嬰，還為此專門公布了養子法令，透過法律形式確認收養者與養子女之間的父子或母子關係，之後即便是親生父母找來了也不

28 （南宋）潛說友《咸淳臨安志》。

29 （元代）脫脫等《宋史・高宗本紀六》。

30 （清代）徐松《宋會要輯稿・食貨五九》。

31 （南宋）留正（據傳）《皇宋中興兩朝聖政》。

32 （元代）脫脫等《宋史・太宗本紀二》、《宋史・真宗本紀二》、《宋史・仁宗本紀三》。

能相認。同時官府每月還會給收養者一貫錢和三斗米，連續支付三年[33]。

等養子長大之後，養父母膝下並無兒女，養子若是膽敢隨意離開，狠心拋棄養父母，將會被判處兩年有期徒刑。如若養子女不足三歲時便被養父母收養，養父母還可以讓他改姓自己的姓[34]。收養被遺棄兒童的年齡原本為三歲以下，但從南宋乾道元年（西元一一六五年）開始提高到了十歲[35]，此舉使得更多的兒童被人收養，從此過上了相對穩定的生活。

對於無人收養的棄嬰，各縣知縣也要妥善處置，通常會交由縣尉去具體辦理。年齡稍大些的孩子，若是生活能夠自理，官府往往會將其交由寺觀進行撫養，官府會按照撫養人數定期給寺觀提供錢米。寺觀主持每半月需要向官府彙報收養棄嬰的人數及身體健康情況，如果有棄嬰患有疾病，官府也會直接提供藥品或者請醫生前去診治。

雖然朝廷是如此規定的，但知縣、縣尉平日裡公務繁忙，自然沒有太多精力來關注此事，導致部分地區的棄兒撫養問題始終得不到妥善解決，於是慈幼莊、嬰兒局、幼兒局便應運而生了。但它們都是有良知、有能力的官員在特定區域內所辦的兒童收養機構，全國性機構還未曾出現。

南宋淳祐七年（西元一二四七年），理宗皇帝趙昀下詔在南宋都城臨安府創辦慈幼局，專門收養被遺棄的兒童，後來又陸續推廣到其他各地[36]，使得不計其數無依無靠的孩子們得以長大成人！

福利公墓漏澤園

「死無葬身之地」並非只是一句詛咒，而是客觀現實，因為很多掙扎在社會最底層的人活著很不易，死也死不起！

鑒於很多窮苦百姓無錢安葬，北宋元豐二年（西元一〇七九年），官辦公墓漏澤園在開封府應運而生。

其實在此之前，官府也會出錢安葬那些倒斃街頭後遲遲無人安葬的人——有的沒有家人，有的雖有家人卻一時聯繫不上，有的雖能夠聯繫上卻無力安葬。由於並無官辦公墓，大多只能在近郊找個地方草草安葬。

漏澤園設立之後，那些無人來認領的屍骨便有了集中安置的場所。北宋崇寧三年

33（南宋）吳自牧《夢粱錄・恩霈軍民》。

34（北宋）竇儀《宋刑統・戶婚律》。

35（清代）徐松《宋會要輯稿・食貨五九》。

36（元代）鄭元祐《遂昌山樵雜錄》。

（西元一一〇四年），徽宗皇帝趙佶詔令各地官府普遍設立漏澤園，通常每個縣會設立一到兩所漏澤園，但個別財力比較雄厚的縣也會設置多所漏澤園，規模也不盡相同，大的占地三五頃，小的不過才幾十畝。

安葬死者需要採買棺材、購置物品，官府對相關安葬費用有專門經費予以保障。真宗皇帝趙恆下詔，成年屍身的棺材按照六百文的標準、幼兒屍身的棺材按照三百文的標準進行採買。神宗皇帝趙頊將相關喪葬費支出標準提高到了兩千文，所需經費從政府管理的戶絕人家遺留的財產中支付，不過後來徽宗皇帝趙佶又將相關經費支出改為從常平錢中支付。南宋高宗皇帝趙構在位時將喪葬費的標準提高到了三千文。喪葬費標準的一路上漲也反映了宋代通貨膨脹日趨嚴重，不僅影響著活人，連死人都不會放過！

參考文獻

〔1〕韓順發、劉穎林，《清明上河圖》事物考〔J〕。中國歷史文物，2005（2）：5。
〔2〕毛金帥，錢陌研究〔D〕。昆明：雲南大學，2012。
〔3〕馬泓波，宋代火禁制度初探〔J〕。社會科學研究，2011（1）：4。
〔4〕陳德文，北宋東京城管理機構淺析〔J〕。遵義師範學院學報，2007，9（1）：3。
〔5〕張新宇，試論宋代漏澤園公墓制度的形成原因和淵源〔J〕。四川大學學報（哲學社會科學版），2008（5）：127-133。
〔6〕郭文佳，宋代幼兒生養與救助述論〔J〕。煙臺大學學報（哲學社會科學版），2003，16（3）：6。
〔7〕郭文佳，宋代官辦救助機構述論〔J〕。信陽師範學院學報（哲學社會科學版），2003，23（2）：118-121。
〔8〕陳鴻彝，宋代城市治安管理模式雜談〔J〕。公安大學學報，2001（2）：7。
〔9〕楊瑞軍，北宋東京治安研究〔D〕。北京：首都師範大學，2012。
〔10〕陳德文，北宋東京城管理研究〔D〕。長沙：湖南師範大學，2007。

〔11〕王賽時，論宋代肉魚食品的資源供應與食用結構〔J〕。飲食文化研究，2004（1）：19。
〔12〕張蓓蓓，論宋代紡織技術與絲綢服飾質料〔J〕。絲綢，2012（2）：47-51。

圖說　大宋風華（下）
從酒樓宴飲到名勝古蹟，透過《清明上河圖》看盡大宋絕代風華！

作　　者　李旭東

發 行 人　林敬彬
主　　編　楊安瑜
編　　輯　林子揚、林佳伶
內頁編排　方皓承
行銷企劃　徐巧靜
編輯協力　陳于雯、高家宏

出　　版　大旗出版社
發　　行　大都會文化事業有限公司
11051 台北市信義區基隆路一段 432 號 4 樓之 9
讀者服務專線：（02）27235216
讀者服務傳真：（02）27235220
電子郵件信箱：metro@ms21.hinet.net
網　　　址：www.metrobook.com.tw

郵政劃撥　14050529 大都會文化事業有限公司
出版日期　2024 年 10 月初版一刷
定　　價　400 元
ISBN　978-626-7284-68-1
書　　號　History-167

Banner Publishing, a division of Metropolitan Culture Enterprise Co., Ltd.
4F-9, Double Hero Bldg., 432, Keelung Rd., Sec. 1,Taipei 11051, Taiwan
Tel:+886-2-2723-5216　Fax:+886-2-2723-5220
E-mail:metro@ms21.hinet.net
Web-site:www.metrobook.com.tw

國家圖書館出版品預行編目（CIP）資料

圖說 大宋風華（下）：從酒樓宴飲到名勝古蹟，透過《清明上河圖》看盡大宋絕代風華！/ 李旭東　著 . -- 初版 -- 臺北市：大旗出版：大都會文化發行 ,2024.10；288 面；17×23 公分 . -- (History-167)
ISBN 978-626-7284-68-1(平裝)

1. 社會生活 2. 文化史 3. 宋代
635　　113012200